FUNDAMENTOS PARA EL EDUCADOR EVANGELICO

William Martin

La misión de Editorial Vida es proporcionar los recursos necesarios a fin de alcanzar a las personas para Jesucristo y ayudarlas a crecer en su fe.

ISBN 0-8297-1409-X

Categoría: Didáctica/ Métodos de estudio

Este libro fue publicado en inglés con el título
First Steps for Teachers
por Gospel Publishing House

© 1984 por Gospel Publishing House

Traducido del inglés por Adriana Powell

Edición en idioma español
© 1987 EDITORIAL VIDA
Miami, Florida 33166-4665

Cubierta diseñada por Ana María Bowen

Impreso en los Estados Unidos de América
Printed in the United States of America

03 04 05 06 07 ❖ 12 11 10 09 08

INDICE

escrito en respuesta a una creciente demanda por parte de nuestras iglesias.

Durante las últimas décadas, miles de nuevos miembros han ingresado en las congregaciones evangélicas. Muchas de estas personas han llegado sin previa experiencia religiosa y sin conocimientos bíblicos acerca de cuestiones espirituales. Cuanto más rápidamente se crece, tanto mayor es nuestra tarea de adiestramiento en la iglesia, sobre todo a la luz del mandato bíblico. Este libro ha sido escrito para enfrentar esa necesidad.

Se trata de una recopilación de material tomado de los libros del curso de capacitación para maestros intitulado *Fundamentals for Sunday School Workers* [Fundamentos para obreros de la Escuela Dominical] y de otras fuentes. En algunos casos se han empleado las palabras textuales de los autores. Por lo general, se ha abreviado y redactado el material. De modo que he sido el revisor y no el autor de este libro.

Mi especial agradecimiento a las personas que figuran a continuación:

Richard Dresselhaus
   (*Your Sunday School at Work*, [Su Escuela Dominical en funcionamiento], Unidad 1)
Anthony D. Palma
   (*Knowing Your Bible*, [Conociendo su Biblia], Unidad 2)
William W. Menzies
   (*Understanding Our Doctrine*, [Comprendiendo nuestras doctrinas], Unidad 3)
D. V. Hurst y Dwayne Turner
   (*Mastering the Methods* [Dominando la metodología], Unidad 4)

También deseo reconocer la contribución de Ronald G. Held, cuyo libro *Learning Together* [Aprendiendo juntos] nos proporcionó la información necesaria para varios temas, especialmente el de cómo hacer evaluaciones (Capítulo 12).

Este libro proporciona mucha información relacionada con la preparación de maestros. El uso más provechoso que puede hacerse de *Fundamentos para el educador evangélico* será mediante un curso dictado por un maestro experimentado y versado en la Biblia.

INTRODUCCION

Ningún ministro cristiano puede funcionar como Dios desea si no existe planeamiento y programación. La Biblia le atribuye mucha importancia a la enseñanza. La organización del pueblo de Israel estaba basada sobre un sistema de formación dentro de la familia. El ejemplo de Samuel — que llega a ser parte de la familia de Elí — y el de Eliseo — que sigue fielmente a Elías y aprende de él — señalan un énfasis bíblico en la tarea de la enseñanza. La Biblia fue escrita con el propósito de que fuera utilizada como el programa básico de formación para la vida. Se amonesta a las familias a que usen la Palabra de Dios al enseñar a sus hijos de modo que no se "aparten de ella" después.

No hay ejemplo más claro en la Biblia acerca de la importancia de la enseñanza que la vida de Jesucristo. Su plan al dar inicio al reino de Dios fue seleccionar a doce hombres poco prometedores e invertir su vida en ellos para prepararlos para la singular misión que tendrían.

Un tema continuo del Nuevo Testamento es la necesidad de estudiar, aprender y ser formado en los caminos de Dios. Aun la "gran comisión" de Jesús contiene la admonición de adiestrar a todos los que sean ganados para el reino. "Por tanto, id, y haced discípulos a todas las naciones, bautizándolos en el nombre del Padre, y del Hijo, y del Espíritu Santo; enseñándoles que guarden todas las cosas que os he mandado; y he aquí yo estoy con vosotros todos los días, hasta el fin del mundo. Amén." (Mateo 28:19, 20, cursivas del autor).

Por tanto, es fácil advertir que enseñar y formar maestros, líderes y familias es una responsabilidad impartida por Dios y siempre vigente en la iglesia. Ningún cristiano debe suponer que podrá servir adecuadamente en la causa de Cristo sin pasar cierto tiempo preparándose y capacitándose personalmente.

Este libro tiene el propósito de ayudar a los maestros de la Escuela Dominical a completar parte de su preparación. Se ha

Adiestramiento no es algo que se hace una vez y se completa definitivamente. No importa cuán bueno sea un maestro; siempre puede aprender algo nuevo para mejorar su tarea. Es a ese fin que destino este libro.

WILLIAM J. MARTIN

CAPITULO UNO

COMPRENDIENDO LA BIBLIA

Ninguna discusión acerca de la enseñanza cristiana sería adecuada a menos que primero tratáramos la cuestión de la Biblia, ya que constituye el programa y el contenido básico de nuestra enseñanza. La forma en que el educador cristiano ve la Biblia es algo crucial.

Con respecto a la Biblia estamos decididamente dentro del campo evangélico y conservador del cristianismo. La Biblia es la norma suficiente, tanto en cuestiones de fe como de práctica. Creemos que la Biblia es la Palabra autorizada de Dios, y que ha sido inspirada por El.

Algunos grupos cristianos (sin mencionar las religiones no cristianas), no otorgan a la Biblia el primer lugar de la manera en que lo hacemos los evangélicos. Por ejemplo, la Iglesia Católica Romana cree que la Biblia tiene autoridad, pero le asigna a la tradición de la Iglesia un papel igualmente autoritario. Otros grupos aceptan la Biblia, pero la consideran insuficiente. Algunos de estos grupos le atribuye a otros libros igual o mayor autoridad que a la Biblia. Hay además los que sostienen presuposiciones o prejuicios naturalistas, los cuales gobiernan su interpretación de la Biblia. Con ese enfoque, se pasa por alto el elemento sobrenatural. Se mide la Biblia con parámetros humanos. Según ello, los milagros de la Biblia, por ejemplo, han de interpretarse sólo como mitos o metáforas.

El problema de este punto de vista es su naturaleza subjetiva. Se supedita el significado de la Biblia al prejuicio del lector. El lector tiene la última palabra. Por tanto, todo lo que en la Biblia contradiga su razón o experiencia deberá ser rechazado o desacreditado. Por ejemplo, puesto que la historia de la medicina no contiene un registro de mujer alguna que haya tenido un niño sin haber sido engendrado este por un hombre, la encarnación debe ser un mito, leyenda o cuento. . . Cualquier cosa menos un hecho fehaciente.

Nuestra perspectiva es la de Jesús, quien reconoció la autoridad de la Biblia. En Juan 10:35, El dijo que la Escritura no puede ser quebrantada. En Marcos 12:24, El comentó que la gente se equivoca porque no conoce las Escrituras. Cuando Jesús fue tentado en el desierto, ganó la victoria apelando a las Escrituras (Mateo 4:4, 7).

Los discípulos siguieron el ejemplo de Jesús. El tema central del Nuevo Testamento es la atención otorgada a "lo que dicen las Escrituras" (Romanos 4:3; 11:2; Gálatas 4:30).

Definición de términos relacionados con la autoridad de la Biblia

Hay algunas palabras importantes con relación a la naturaleza y a la autoridad de la Biblia que los maestros deben entender.

Revelación. Dios se da a conocer a las personas por medio de la revelación. Se trata de un acto divino porque la humanidad no puede conocerlo fuera de lo que El haya revelado de sí mismo.

La Biblia nos habla de tres clases de revelación. Dios se revela en una manera general a través de su *creación* (Romanos 1:19-21; Salmo 19:1). Sin embargo, esta revelación por medio de la naturaleza es insuficiente para lograr nuestra salvación. Simplemente nos señala la existencia del Creador. También de una manera general, Dios se revela a la *conciencia* de las personas (Romanos 2:14-16). Esta revelación tampoco es por sí sola suficiente para nuestra salvación. Simplemente nos señala la naturaleza moral de Dios.

Sin embargo, Dios se revela de manera específica y especial en la *Biblia*. Esta contiene el plan de Dios para toda la humanidad. En ella descubrimos que Dios se revela de manera perfecta en Jesucristo (Juan 5:39; 14:9; Colosenses 1:15; Hebreos 1:1, 2).

La Biblia es el medio que Dios ha elegido para presentar su propósito especial hacia el hombre (2 Corintios 5:17-19; Colosenses 1:19, 20). La Biblia es el medio que el Señor utiliza para revelarse, no es un fin en sí misma. No adoramos la Biblia; adoramos al Dios que se revela en la Biblia y a su Hijo, Jesucristo.

Entre los diversos tipos de información que contiene la Biblia, están los datos históricos. Parte de esta información aparece únicamente en la Biblia. Parte puede encontrarse en otras fuentes. Por ejemplo, la Biblia nos dice que Jesús murió. Esto es históricamente cierto y verificable en otras fuentes.

La Biblia no sólo nos habla de cosas que han ocurrido; también nos dice por qué han ocurrido. Para entender por qué han ocurrido las cosas necesitamos la revelación de Dios. Sabemos que Cristo murió, pero gracias a la verdad divinamente revelada, podemos entender por qué murió. ¡Cristo murió por nuestros pecados! La verdad revelada nos dice cómo ha usado Dios la historia para llevar a cabo su plan.

Algunas cosas del plan de Dios serían totalmente incomprensibles si no fuera por la revelación especial de Dios. Para estas cosas no tenemos ningún antecedente histórico humano, y sólo podremos entenderlas en la medida en que aceptemos la revelación de Dios. Un buen ejemplo es el nacimiento virginal de Jesucristo. En asuntos como este, debemos aceptar la Palabra de Dios como verdad y creer en su revelación por medio de la fe.

Inspiración. La inspiración se refiere al método usado por Dios para comunicar su revelación a la humanidad. Creemos que Dios se movió de manera sobrenatural sobre ciertos hombres por medio de su Espíritu, capacitándolos para escribir su mensaje con precisión (2 Timoteo 3:15-17). Dios produjo el mensaje. Su Espíritu lo trasmitió. Y hombres elegidos lo recibieron, escribiéndolo bajo la guía del Espíritu.

Creemos en la inspiración verbal de la Biblia. Esto significa que el Espíritu Santo dirigió a los hombres en la elección del tema y de las palabras de tal manera que el mensaje de Dios se comunica a la humanidad exactamente como Dios quiere pero en el estilo propio del escritor. Creemos que esto se aplica a la totalidad de las Escrituras. Todas las partes de la Biblia son igualmente inspiradas.

Consideramos que algunas teorías acerca de la inspiración son erróneas. El maestro de Escuela Dominical debe estar al tanto de ellas porque algunas personas en la clase pueden provenir de trasfondos religiosos que sostienen tales teorías. Examinemos algunas de ellas:

1. *La teoría de la inspiración natural* sostiene que la Biblia no es más que un libro humano de carácter notable. Aun cuando es, sin duda, el producto de mentes inteligentes, no es divina. Está, más bien, a la par de otras grandes obras literarias de la historia.

2. *La teoría de la inspiración por iluminación* mantiene que la Biblia es inspirada sólo en la medida en que el cristiano se sienta "inspirado" o divinamente guiado por Dios. Esta perspectiva depende completamente de los sentimientos subjetivos de una persona y no en la verdad objetiva de la Biblia. Tal teoría también implica que la revelación continúa constantemente. Así, la inspiración personal de una persona en particular se consideraría al mismo nivel que la autoridad de la Biblia.

3. *La teoría de inspiración conceptual* sugiere que sólo fueron inspiradas las ideas y conceptos de los autores bíblicos, no sus palabras definidas. Debemos enfrentar esta perspectiva preguntando mediante qué se comunican las ideas y los conceptos, si no son las palabras. Sin la autoridad de las palabras de la Biblia ¿cómo podemos precisar en qué consisten los conceptos y pensamientos de Dios? Y si algunas de las palabras son incorrectas, ¿cómo podríamos determinarlo?

4. *La teoría de la inspiración parcial* dice que sólo algunas partes de la Biblia son genuinamente inspiradas. Las personas que sostienen esta posición generalmente dirán: "Esté atento a la Palabra de Dios en este pasaje" y no: "Escuche la Palabra de Dios." Sugieren que, junto a la inspiración de Dios, la Biblia contiene mitos, leyendas y aun errores. Para decidir qué es lo inspirado, toman como criterio la enseñanza moral y espiritual de Jesús. No toman en cuenta el hecho de que muchas de las grandes doctrinas e ideas de la Biblia están enraizadas en escritos históricos (por ejemplo, la creación, el Exodo, la encarnación, la crucifixión y la resurrección). Si se ponen en duda los hechos, ¿cómo podemos estar seguros de lo que se enseña es cierto?

5. La perspectiva *"cristológica"* afirma que únicamente Cristo — y no el contenido de un libro — es la "Palabra de

Dios". Esta perspectiva parece buena, pero plantea una pregunta importante. ¿Cómo sabemos acerca de Cristo? Aprendemos acerca de El en la Biblia. El es el tema central de la revelación de Dios. Debemos creer en la autoridad de la Biblia para realmente conocer y entender a Jesús. De otra manera, podemos terminar adorando a un Cristo diferente al presentado en la Biblia.

6. *La perspectiva del dictado mecánico*, con relación a la inspiración, da a entender que los escritores fueron autómatas totalmente pasivos que no hicieron otra cosa que anotar palabras. Sostiene que los escritores no hicieron ningún aporte, y que no hubo ninguna cooperación humana inteligente en el proceso de escribir la Biblia. Esta postura pasa por alto el hecho de que los escritores evidenciaron estilos, temperamentos y sentimientos propios. Si esta perspectiva fuera cierta, todas las páginas de la Biblia tendrían que ser totalmente uniformes. Se dice con frecuencia que los evangélicos sostienen tal cosa, pero los que hacen esa acusación simplemente no entienden el significado de la inspiración verbal plena.

7. *La perspectiva existencial* niega que la Biblia sea la Palabra de Dios. En lugar de ello, sugieren que la Biblia *llega a ser* la Palabra de Dios en la medida que habla al corazón de la gente, es decir, sólo cuando sus palabras tienen efecto sobre alguien. Como otra de las posiciones, esta perspectiva hace que la Biblia dependa totalmente de las experiencias y sentimientos humanos subjetivos. Elimina de la Biblia la verdad objetiva.

Infalibilidad. Significa "sin error", "totalmente confiable". Trasmite la idea de que la revelación de Dios mismo por medio de la Biblia no tiene errores y es totalmente digna de confianza. Al analizar esa palabra debieran tenerse en cuenta tres pautas:

1. *La infalibilidad se aplica al manuscrito original.* No tenemos ninguno de los libros originales de la Biblia. Por lo tanto, algunos errores menores se introdujeron mientras los escribas copiaban de un manuscrito a otro. Los errores, sin embargo, son generalmente de carácter gramatical o tipográfico. No modifican ninguna doctrina o posición central de la iglesia.

. 2. *El relato bíblico es infalible e inequívoco.* Eso no significa que Dios endose todo lo que se encuentra en el relato. La Biblia es franca respecto al pecado de sus personajes, pero sabemos que Dios no aprueba el pecado.

Aunque las Escrituras sean infalibles, no podemos garantizar que siempre serán interpretadas de manera infalible. La interpretación es un esfuerzo humano, sujeto a la limitaciones y parcialidades humanas. Eso hace que sea crucial el buscar la guía del Espíritu Santo al interpretar la Biblia ahora. El puede ayudarnos a evitar el error y a superar nuestras limitaciones.

3. *Iluminación.* La iluminación es la obra del Espíritu Santo que capacita a la mente y al espíritu humanos para entender la verdad espiritual. El Espíritu Santo es el intérprete divino que nos guía a la verdad (Juan 16:13) y quita las barreras en nuestra vida que obstaculizan la comprensión (1 Corintios 2:6-16; 2 Corintios 3:14-18). Sin su ayuda, la humanidad está ciega y no puede entender la realidad espiritual. De modo que la iluminación es lo que ocurre cuando el Espíritu Santo nos capacita para entender la revelación de Dios.

Trasmisión, división y canonicidad de la Biblia

Creemos que nuestra Biblia es precisa y confiable no sólo por lo que hemos mencionado anteriormente, sino también porque Dios protegió la trasmisión y la transcripción de la Biblia. Eso es en sí mismo un milagro si tenemos en cuenta que la Biblia fue escrita por más de cuarenta personas pertenecientes a tres continentes, en tres idiomas diferentes, a lo largo de 1.500 años.

Probablemente la Biblia se escribió inicialmente en papiros y pergaminos. El papiro, que crecía en varias regiones del Mediterráneo, era un junco del que se sacaba una especie de papel. El pergamino era un material para escribir que se fabricaba con pieles de animales.

La escritura se hacía con un estilete hecho con caño de junco, o con canuto de pluma. La tinta que se usaba era negra, mezcla de tizne u hollín con goma disuelta en agua.

Los libros generalmente se doblaban como un rollo que consistía en páginas de papiro o pergamino pegadas entre sí y enrolladas en una varilla. Tenían cerca de doce metros, eran bastante pesados y voluminosos, lo que los hacía incómodos de usar. Con el tiempo fueron reemplazados por el códice, que eran páginas dobladas en lugar de enrolladas, más semejantes a un libro moderno. El cristianismo probablemente jugó un importante papel en la transición del rollo al códice. El códice facilitó la ubicación de las referencias bíblicas, hizo posible que fueran unidas secciones completas (como los evangelios y las epístolas), y que se utilizaran ambos lados del papel.

Copiar manuscritos antiguos era una tarea larga y tediosa. Esa puede ser una de las razones por las que tenemos tan pocos manuscritos antiguos. Pero los que hacían las copias ponían mucho cuidado al hacerlo. Existían profesiones específicas con el único objeto de copiar las Escrituras; es así que las copias que poseemos han mostrado ser muy confiables. La arqueología ha confirmado con cuánto cuidado se trasmitieron los textos. Por ejemplo, cuando se descubrieron los rollos del mar Muerto en 1947, contenían textos de Isaías fechados 1.000 años antes de cualquier otro manuscrito en existencia, y sin embargo se comprobó que su contenido era prácticamente idéntico.

La Biblia se divide en dos secciones: Antiguo Testamento y Nuevo Testamento. El Antiguo Testamento contiene 39 libros; el Nuevo, 27. Estos libros reflejan distintos tipos de literatura: entre otros, profecía, parábola, poesía e historia.

La Biblia no siempre consistió de sesenta y seis libros. En la época de la Iglesia primitiva, había libros sagrados en abundancia. Algunos de ellos contenían todo tipo de historias acerca de Jesús y sus discípulos. Algunos de estos libros sagrados contenían información acerca de Jesús que resultaba sospechosa y contradictoria.

La Iglesia comenzó a advertir la necesidad de identificar los libros que realmente eran inspirados por Dios. El desafío consistía en determinar los criterios para hacer tal selección; así comenzó el proceso del establecimiento del canon. *Canon* viene de una palabra griega que significa la pauta utilizada para medir algo. Así, para que un libro sagrado fuera incluido en el canon de las Sagradas Escrituras, tenía que adecuarse al criterio determinado por la Iglesia. La Iglesia no creó la Biblia; simplemente precisó qué libros constituirían la Palabra inspirada por Dios.

Cuando se escribía el Nuevo Testamento, ya había en existencia un canon de las escrituras hebreas claramente definido, al cual hacían referencia Jesús y los escritores del Nuevo Testamento. Al tratarse del Nuevo Testamento, se utilizaron los siguientes criterios:

1. *El carácter apostólico.* El libro tenía que provenir de un apóstol o estar autorizado por alguno de ellos.

2. *El contenido doctrinal.* El libro tenía que concordar con las enseñanzas del Antiguo Testamento y de los apóstoles.

3. *Inspiración.* ¿Había pruebas claras de que el libro había sido "inspirado por Dios? (2 Timoteo 3:16)

4. *Universalidad.* ¿Era el libro de interés y uso general entre las iglesias?

5. *Efecto moral.* ¿Tenía el libro un mensaje que transformaría y edificaría la vida de la gente?

Usando estos criterios y sometiendo la empresa a la orientación del Espíritu Santo, la iglesia formó el canon compuesto por los sesenta y seis libros.

De entre todos los libros escritos, la Biblia es un libro único. Tiene un mensaje sobrenatural y ha sido protegido divinamente. La historia y la arqueología han confirmado reiteradamente su contenido.

Para los evangélicos — como nosotros — la Biblia es la única regla de fe y práctica. Por lo tanto, es vital saber acerca de la Biblia cuando enseñamos.

CAPÍTULO DOS

APRENDIENDO DE LA BIBLIA

El centro de todo currículo de educación cristiana es la Biblia. El maestro debe conocerla bien para enseñar con eficacia. En este capítulo vamos a determinar cómo estudiar la Palabra de Dios. Analizaremos métodos y pasos. Daremos pautas orientadoras de la interpretación. Se comentará la diferencia entre traducciones y paráfrasis. Nuestra meta es ayudar al maestro a ser un mejor estudiante de la Biblia.

En primer lugar, debemos reconocer que nadie se transforma en un erudito de la Biblia de un día para otro. Ello requiere tiempo y esfuerzo. ¿Qué significa ser un buen estudiante de la Biblia? Al contestar esta pregunta, la gente generalmente se equivoca yéndose a los extremos.

Por un lado están los que sienten que es innecesario hacer algún estudio serio y académico. Creen que el Espíritu Santo les revelará lo que necesitan saber cuando necesiten saberlo. El único uso que hacen de la Biblia es de carácter devocional. Esta actitud desmerece el papel que desempeña el Espíritu Santo, considerándolo como alguien que les dará cualquier cosa que pidan sin ningún esfuerzo de su parte.

Su actitud es totalmente contradictoria a la posición tradicionalmente mantenida por la Biblia y la Iglesia. Si hay algo que puede decirse con certeza respecto a los judíos y a la Iglesia primitiva, es que se caracterizaban por el estudio diligente de las Escrituras con la intención de enseñar a otros. La Biblia nos amonesta a que estudiemos la Palabra para que no seamos avergonzados sino que sepamos cómo usarla e interpretarla correctamente.

La actitud errada en el otro extremo es la tendencia académica que no reconoce a la Biblia como la Palabra *viviente*. La gente que mantiene esta postura ha reducido la Biblia simplemente a un libro antiguo más, que debe ser escudriñado, analizado y criticado. Una cierta arrogancia académica acompaña a este error.

El enfoque correcto del estudio de la Biblia está entre dos extremos. La Biblia es un libro viviente, inspirado sobrenaturalmente, que nos habla con claridad en nuestra época. Llegar a ser un estudioso de la Palabra con el propósito de enseñar a otros requiere estudio serio y disciplinado.

Es un axioma el que uno debe ser primero un buen estudiante si ha de ser un buen maestro. De nuestro propio aprendizaje obtenemos percepciones nuevas y pertinentes para compartir con nuestros alumnos. Sin ello, la enseñanza carece de vida y resulta trillada.

Un estudio apasionante y enriquecedor de la Biblia requiere trabajo serio, y debe respetar ciertas pautas para resultar eficaz. En primer lugar, debemos haber nacido de nuevo. De lo contrario, seremos incapaces de entender la revelación espiritual en la Biblia. En segundo lugar, debemos depender del Espíritu Santo para que nos ilumine y nos motive a estudiar. En tercer lugar, debemos venerar y sentir sed por la verdad de Dios. En cuarto lugar, debemos estudiar con ahínco. Si estas cuatro pautas se cumplen en nosotros, experimentaremos un estudio bíblico satisfactorio y provechoso.

El estudio bíblico se puede enfocar de dos maneras: deductivo e inductivo. El estudio deductivo comienza con lo general y avanza hacia lo específico. Para el objetivo de nuestro análisis, definimos el estudio deductivo como el que parte de una idea o doctrina y luego busca apoyo en la Biblia. El estudio inductivo generalmente comienza con lo específico para llegar a lo general. Este enfoque comienza por el estudio de la Biblia y desarrolla ideas y doctrinas a partir de ese estudio.

El estudio bíblico deductivo corre el riesgo de llegar a conclusiones subjetivas. Es decir, podemos haber formulado una idea o doctrina sin haber hecho el estudio necesario. Tal vez no estemos dispuestos a que la Palabra de Dios transforme nuestra mente. El estudio inductivo, simplificándolo, se ocupa primero del estudio, permitiendo que la Biblia hable objetivamente. . . y luego se extraen las conclusiones. A veces el estudio bíblico deductivo es apropiado. Sin embargo, es preferible el estudio inductivo. A continuación mencionaremos algunos métodos de estudio bíblico inductivo:

1. *Método biográfico:* investiga la vida de un individuo, por ejemplo, David, y toma en cuenta *todo* lo que la Biblia dice acerca de él.

2. *Método temático:* investiga un tema que puede ser una palabra en particular, como *obedecer*, o un concepto, como *obediencia* (algunos de cuyos ejemplos pueden no llegar siquiera a incluir la palabra *obedecer* en ninguna de sus formas)

3. *Método teológico:* es similar al estudio temático pero puede diferir en la intensidad y en la importancia teológica del tema.

4. *Método comparativo:* compara pasajes de la Escritura entre sí, tal como relatos de los evangelios sobre el mismo acontecimiento en la vida de Jesús.

5. *Método histórico:* comienza el estudio de un pasaje de la Escritura preguntado por qué, cuándo, dónde, cómo y qué, para precisar el contexto y el trasfondo.

6. *Método sintético:* a menudo llamado estudio bíblico por libro, organiza el estudio alrededor de un libro completo de la Biblia.

Al usar estos métodos es recomendable ir primeramente al texto bíblico antes de aplicarlo. Es la Biblia quien determina el desarrollo del estudio.

¿Qué proceso seguimos para el estudio bíblico? Un buen estudio requiere observación, interpretación, evaluación, aplicación y correlación. Consideremos cada uno de estos aspectos:

Observación. Lea el pasaje varias veces, extrayendo — entre otros — los puntos principales, los personajes, los acontecimientos. Trate de entender las circunstancias que condicionan el pasaje. ¿Cuál es el tono general? ¿Reflejaría la versión oral ironía... ira... compasión? Leer el mismo pasaje en varias traducciones puede ayudar a descubrir, entre otras cosas, matices emocionales.

Interpretación. ¿Qué quiso decir el escritor cuando escribió aquello? La respuesta a esta pregunta se llama interpretación. Otras preguntas que corresponden aquí son: ¿qué razones tenía para decir eso? ¿Qué podían significar esas palabras a los primeros oyentes? Responder adecuadamente a estas preguntas requiere el uso de auxiliares del estudio bíblico que se mencionan al final de este capítulo.

Evaluación. El objetivo esencial de la evaluación es el "analizar las afirmaciones del pasaje a fin de determinar cuáles verdades de las presentadas son eternas y por lo tanto de valor contemporáneo".[1] Algunas de las leyes del Antiguo Testamento regían sólo para Israel, tales como las restricciones respecto a ciertas comidas. Sería incorrecto afirmar que los cristianos deben someterse hoy en día a las mismas prohibiciones. Por otro lado, los capítulos 27 a 30 de Deuteronomio prometían bendiciones materiales y espirituales a Israel si obedecía a Dios. El mensaje de ese pasaje para nuestros días es que la obediencia viene acompañada de bendiciones. La evaluación ayuda a determinar la diferencia entre pasajes de carácter local y general.

Aplicación. El estudiante se pregunta: "¿De qué manera se aplica a mí este pasaje, y a aquellos a quienes sirvo?" Alguien dijo que el estudio bíblico carece de sentido hasta que llegamos a ser una traducción viviente de la verdad bíblica, "conocidos y leídos por todos los hombres".

Correlación. El estudiante toma la verdad que ha aprendido y la vincula con otras verdades reveladas en la Biblia. El hacerlo ayuda a construir las estructuras teológicas de la vida.

Aquí debemos considerar otra palabra importante: *hermenéutica*, la ciencia de la interpretación bíblica. La hermenéutica contiene reglas, principios y métodos de estudio para llevar al descubrimiento preciso del texto bíblico.

¿Por qué necesitamos la hermenéutica? En primer lugar, debemos tener presente que la Biblia es el mensaje de Dios al hombre. Debemos oírlo con claridad, distinguiendo su voz entre todas las otras en este mundo, especialmente las que pretenden hablar de parte de El.

En segundo lugar, hay un abismo entre nuestra mente occidentalizada y la mente de los autores originales. La Biblia es un libro oriental antiguo. Necesitamos conocer su contexto original porque eso facilitará nuestra comprensión de su mensaje.

Siendo niño, un amigo mío tenía unos extraños dibujos que representaban escenas de los personajes bíblicos. Uno de ellos mostraba a Jesús cuando María lavaba y secaba sus pies durante una cena (ver Juan 12:1-3). ¿Cómo podría María arreglárselas para hacer todo eso *debajo de una mesa*? Más tarde supo que los judíos en cierta etapa adoptaron la manera de comer que era peculiar de la cultura de uno de sus conquistadores. Se recostaban de un lado, con la cabeza delante y en sentido perpendicular a la mesa, sobre un sofá. En tal posición una persona podía ser fácil y normalmente atendida por los sirvientes (y en este caso, por María).

La hermenéutica nos ayuda a hacer ese tipo de estudio. Hay varios principios de la hermenéutica que deben tenerse presentes al iniciar el estudio de la Biblia.

Siempre debe procurarse entender el contexto histórico-gramatical del pasaje. Considere cuidadosamente el uso del lenguaje: palabras, sintaxis, tiempos de verbos, sentido figurado y cosas semejantes. Considere lo que la totalidad del pasaje trasmite, no una sola oración. El pasaje completo ayuda a definir el contexto. Aprenda todo lo que pueda acerca del marco histórico propio del momento en que fue escrito el pasaje. La aplicación de este principio nos evitará imponer actitudes, perspectivas y filosofías modernas al pasaje. No debemos permitir que la presuposiciones modernas trasformen o cambien el verdadero significado del pasaje.

Permita que la Biblia sea interpretada literalmente, de acuerdo con el sentido literal en que fue escrita. Los verbos deben ser verbos, los sustantivos deben ser sustantivos, las parábolas deben ser tratadas como parábolas. Poniendo a un lado las preferencias personales, al texto se le debe permitir que diga lo que efectivamente quiere decir. Algunos estudiosos de la Biblia no creen en milagros, pero esa creencia no puede modificar la afirmación del autor original de que realmente ocurrieron.

Debe permitirse a la Escritura que se interprete a sí misma. La Biblia tiene una coherencia interna que prevalece. El estudiante no toma un pasaje en particular y construye todo un sistema teológico sobre ese pasaje. Estudia relatos paralelos y otros pasajes que se refieren al tema. De ese estudio surge la comprensión adecuada de la doctrina.

Tanto en Juan 1 como en Filipenses 2, por ejemplo, hay referencias a la encarnación de Cristo. Por ello, la doctrina de la encarnación de Cristo debe basarse en los dos pasajes completos, no en un solo versículo de uno de los pasajes. Este principio hermenéutico proporciona orientación firme para evitar que el que interpreta caiga en errores doctrinales. Se basa en el principio de que en las Escrituras las diversas verdades, doctrinas, enunciados fácticos, preceptos y promesas se corresponden unas a otras y están en armonía con la meta y el propósito explícito de la Escritura en su totalidad.

Bernard Ramm ha escrito: "Si las Escrituras son inspiradas por Dios, contienen un solo sistema teológico verdadero, aun cuando no fuera fácil reconstruir ese sistema."[2] Nadie que haya estudiado seriamente la Biblia negará que algunas porciones son difíciles de entender (observe 2 Pedro 3:15, 16). Tal dificultad se debe en parte al hecho de que la Biblia es un libro divino que contiene verdades eternas que nuestra mente limitada y finita no puede comprender totalmente. Sin embargo, podemos afirmar que el mensaje central de la Biblia — el plan redentor de Dios para la humanidad por medio de Jesucristo —, está presentado claramente y es fácil de entender.

Sin embargo, algunas personas atacan la Biblia, diciendo que está llena de errores. Generalmente, lo que piensan que es un error es simplemente una interpretación incorrecta. Por otra parte, a veces la Biblia puede presentar problemas que los creyentes no pueden resolver. J. I. Parker se refirió a eso cuando escribió: "No debemos perder la fe en nada de lo que Dios nos haya enseñado, meramente porque no podemos resolver todos los problemas que se presentan. Nuestra propia capacidad intelectual no es prueba ni medida de la verdad divina."[3]

Consideremos algunas de las dificultades que surgen porque no observamos cuidadosamente ni interpretamos correctamente.

Traducción inadecuada. El problema no está en el texto original, sino en la traducción.

Estudio incorrecto del contexto. Entre 1 Corintios 6:9 y Mateo 21:31 hay una aparente contradicción. El primer pasaje dice que las personas impuras no entran en el reino de Dios. El segundo dice que los publicanos y las rameras sí van a entrar. Pero el contexto de este último pasaje (vv. 28-32) indica que entran a condición que se arrepientan.

No advertir qué es exactamente lo que se dice. Algunas personas citan la Biblia afirmando que ésta dice que el dinero es la raíz de todo mal. El texto completo (1 Timoteo 6:10) indica que el problema está en el amor al dinero, no en el dinero mismo.

No entender las costumbres de la época. La orden de Jesús a sus discípulos de "no saludar a nadie en el camino" (Lucas 10:4) Nos parece como algo poco cortés. Pero "saludar" en aquella época no era simplemente decir "hola" y "adiós" a alguien: implicaba una conversación prolongada y con frecuencia un tiempo considerable compartido a la mesa. Dada la urgencia de la misión en la que eran enviados, se indicó a los discípulos que evitaran este tipo de demora.

Pasar por alto la perspectiva del autor bíblico. Se dice a veces que Pablo y Santiago se contradicen mutuamente en cuanto al tema de la fe y las obras. Pero Pablo habla de la fe como base de la salvación, mientras que Santiago enfatiza el hecho de que una fe genuina se expresa en obras. En los dos últimos capítulos de Gálatas (5:13 a 6:10), Pablo dice exactamente lo mismo.

Si llegara a encontrar dificultades al estudiar, ore pidiendo iluminación. Luego considere lo siguiente. Sabemos que Dios establece maestros en la Iglesia (1 Corintios 12:28, Efesios 4:11). A muchos de ellos no los ha limitado a un lugar específico ni al período de una vida. Los ministerios de algunos maestros han sido — y son — muy amplios, especialmente a través de la imprenta. Estos maestros han participado en la elaboración de diccionarios, traducciones, comentarios, devocionales, atlas y muchos recursos auxiliares para el estudio. Deje que ellos lo enseñen.

Aquí hay algunas sugerencias para cuando consulta las diversas versiones de la Biblia, muchas de las cuales reflejan los más recientes descubrimientos arqueológicos y el estudio de la historia y las lenguas antiguas.

Aprenda la diferencia entre traducción y paráfrasis. Una traducción es un intento de hacer una conversión precisa de un idioma a otro. El original de la Biblia fue escrito en hebreo, arameo y griego. Somos pocos los que conocemos esos idiomas. Por lo tanto, necesitamos ayuda: necesitamos traducciones. ¿Pero cuál? Aquella que nos dé el significado del pasaje. ¿No basta simplemente con seguir la traducción literal: "Cristo yo he sido crucificado con, sin embargo vivo, no más yo, sino vive en mí Cristo."

¿Demasiado literal? Sí, pero esta traducción sigue exactamente el orden de las palabras en el griego. Como usted puede ver, ese alto grado de apego a la letra no concuerda con nuestro idioma del siglo veinte. Eso sucede porque ningún idioma puede ser traducido a otro palabra por palabra, estructura por estructura, giro por giro.

La cuestión del apego a la letra en la traducción se convierte en una cuestión de grado. El trabajo traducido debe tener sentido. Si no lo tiene, el material original no ha sido realmente traducido. ¿Pero qué grado de "sentido" llega a ser demasiado?

En el otro extremo de la escala del apego a la letra está la paráfrasis. La paráfrasis se preocupa más por las *ideas* del idioma original que por sus palabras.

Si no puede haber una traducción verdaderamente literal — en realidad no se ganaría más sentido si existiera —, ¿cómo decidimos entre el apego a la letra y la paráfrasis? Sencillamente hay que reconocer las virtudes de ambos elementos. El total apego a la letra pone distancia entre el lector del siglo veinte y el autor original: tanto en cuestión de palabras, gramática, giros, como en cuestión de cultura y de historia.

Hoy se dispone de muchas traducciones que no llegan a los extremos del excesivo apego a la letra ni de la paráfrasis. Aunque abundan las versiones, no tenga temor de que lo desvíen. Sólo algunas tienen un sesgo teológico parcial que refleja herejía, como la *Versión del Nuevo Mundo*, la traducción de los Testigos de Jehová. El saber algo acerca del origen, el propósito y la historia de una versión determinada, lo pondrá sobre aviso respecto a tales observaciones. Por ejemplo, la versión en cuestión, ¿es obra de un hombre o de un equipo? ¿Quiénes integraban la comisión. . . cristianos nominales o evangélicos? ¿Qué tipo de revisiones se le ha hecho a la versión? En cada revisión, ¿de dónde procedía el corrector?

Hay suficiente información confiable disponible sobre cualquier traducción de la Biblia como para que usted se quede tranquilo con su elección.

El propósito del usuario debiera ser determinar cuál o cuáles versiones usar. Para uso devocional, las versiones parafraseadas son una ayuda y una inspiración. Para el estudio serio de la Biblia, tal como el que se requiere en la mayor parte de la preparación para la Escuela Dominical, use siempre una traducción reconocida de la Biblia.

No base interpretaciones teológicas en una paráfrasis. Una paráfrasis, usa la palabra *bautismo* en Efesios 5:26. Esa es una interpretación obviamente teológica, no una traducción, ya que la palabra griega para *bautismo* no se usa en el griego en ese versículo.

Compare diferentes versiones. El estudio bíblico intensivo de un pasaje no debiera restringirse a una sola traducción. Comparando versiones, uno puede determinar si el idioma original ha sido traducido adecuadamente. Busque el consenso entre las principales traducciones.

Finalmente, use diversos auxiliares del estudio bíblico. Hoy día tenemos amplia disponibilidad de esos materiales de entre los cuales elegir. Las siguientes sugerencias pueden ayudarle a determinar cuáles son las más útiles para su estudio.

1. Use varias buenas traducciones de la Biblia, por las razones arriba mencionadas.

2. Use diccionarios bíblicos para obtener información sobre personas, lugares y cosas de la Biblia.

3. Use una concordancia para localizar pasajes.

4. Use comentarios para explicar pasajes específicos.

5. Use un atlas bíblico para entender mejor la geografía de los tiempos bíblicos.

6. Use un índice temático para ubicar pasajes de la Escritura correspondiente a determinados temas.

Quizá también quiera usar libros teológicos o doctrinales, historias de la iglesia, libros que traten acerca de las costumbres y hábitos de los tiempos bíblicos, y otros. Auxiliares como estos harán que sus lecciones sean más interesantes y significativas.

---

[1] Traina, Robert A. *Methodical Bible Study*. Nueva York: Gains and Harris, 1952, p. 206.
[2] Ramm, Bernard. *Protestant Biblical Interpretation*. Chicago: Moody Press, 1959, p. 128.
[3] Packer, J. I. *Fundamentalism and the Word of God*. Grand Rapids, Michigan: Eerdmans Publishing Company, p. 109.

CAPITULO TRES

LA ESCUELA DOMINICAL

El ministerio de la enseñanza en la iglesia tiene un lugar prioritario, especialmente en la manera que se expresa por medio de la Escuela Dominical.

Para comprender cómo comenzó el ministerio de la Escuela Dominical, debemos retroceder hasta los comienzos de la Iglesia primitiva.

Después que Jesús ascendió a su Padre, la Iglesia siguió formando parte de las sinagogas judías todo el tiempo que pudo. Allí se les enseñaba las Escrituras (en ese tiempo solo era lo que ahora conocemos como el Antiguo Testamento). Sin embargo, los primeros cristianos también empezaron a enseñar el evangelio de Jesucristo, su muerte, entierro, resurrección y ascensión. Como resultado de ello, las sinagogas empezaron a rechazar a los creyentes cristianos, y éstos se vieron obligados a reunirse en sus casas. A pesar de reunirse en casas, la Iglesia primitiva continuó dando prioridad a la enseñanza (Hechos 2:42).

Con el paso del tiempo, la Iglesia comenzó a dar enseñanza catequista para proporcionar instrucción en la fe y la doctrina cristiana a los nuevos convertidos antes de que fueran bautizados en agua.

El oscurantismo de la Edad Media fue precisamente eso para la Iglesia. Durante ese período (aproximadamente entre 476 y 1000), la Iglesia perdió la mayor parte de su vitalidad espiritual, incluyendo la vitalidad de la enseñanza cristiana. La Iglesia institucional preservó las Escrituras y las tradiciones con cuidado, pero el hombre común realmente perdió contacto con la Biblia y sus enseñanzas.

Sin embargo, cuando comenzó la Reforma Protestante, hombres como Martín Lutero, Juan Calvino, Juan Knox y

Ulrico Zwinglio libraron la batalla por volver a poner la Biblia en manos del pueblo. Un asunto central para los reformadores fue la necesidad de contar con la Biblia en idiomas populares para que la gente pudiera leerla por sí misma. Como resultado de su esfuerzo la Biblia fue traducida a muchos idiomas y fue puesta al alcance de millones de personas que nunca antes la habían leído.

Con el renovado interés en la Biblia y sus enseñanzas surgieron las escuelas en las cuales el estudio de la Biblia constituyó la mayor parte del currículo. Durante el avivamiento Wesleyano del siglo dieciocho en Inglaterra, un impresor de Gloucester sentía la preocupación de hacer algo por los niños pobres de su ciudad. Su nombre era Robert Raikes. Comenzó a traer niños a su casa los domingos. Allí, les enseñaba a leer, usando la Biblia como libro de texto. Juan Wesley escuchó acerca de la idea y le gustó mucho. Con su respaldo, esta actividad inició un movimiento, del cual proviene la idea moderna de la Escuela Dominical.

Lo que Raikes había iniciado cruzó el Atlántico y prendió en Norteamérica. Aunque independiente al principio, la Escuela Dominical llegó a ser el brazo educacional de las iglesias protestantes evangélicas. Durante muchos años la Biblia se usó aun como libro de texto básico en el sistema escolar público. Sin embargo, a medida que las escuelas se iban secularizando, las escuelas bíblicas se tornaron los principales centros de instrucción religiosa.

Alrededor de 1830, una liga de escuelas dominicales en los Estados Unidos empezó a recoger dinero para sostener misioneros de escuelas dominicales del oeste. A esos misioneros se les encargaba que evangelizaran y educaran a los niños. Esta expansión impulsó aun más el movimiento de escuelas dominicales, que continuaba creciendo en Inglaterra y Estados Unidos. Desde 1832 a 1859 se llevaron a cabo varias convenciones de escuelas dominicales, que condujeron finalmente a la fundación de la Asociación Internacional de Escuelas Dominicales, en 1907.

Los líderes evangélicos comenzaron a darse cuenta de que el adiestramiento era esencial no sólo para el crecimiento cristiano personal sino para la extensión evangelística de la iglesia. J. W. Welch escribió un artículo en 1915 donde decía:

"Ningún pastor puede permitirse descuidar esta oportunidad de promover las escuelas dominicales, ni ser indiferente a las necesidades de niños y jóvenes en el ámbito de su influencia."[1]

El entusiasmo por la Escuela Dominical comenzó a crecer; se dieron los primeros pasos hacia la impresión de literatura y comenzaron a aparecer manuales sobre organización de la Escuela Dominical.

Con el tremendo crecimiento experimentado durante los últimos años, surge un renovado compromiso hacia la enseñanza y el adiestramiento. El desafío es también hoy más grande que nunca. Las iglesias evangélicas están alcanzando a miles de personas que saben muy poco acerca del cristianismo auténtico y de la Biblia. Habiendo ganado a esas personas para Cristo, debemos ahora aceptar la responsabilidad de instruirlos. Nuestro movimiento está alcanzando también a miles de personas que están en medio de crisis personales de diversos tipos. Debemos aceptar el desafío de ministrar la sanidad que puede encontrarse en la Palabra y en la iglesia. Para encarar esto, necesitamos maestros adiestrados. En realidad nuestra necesidad de maestros capacitados probablemente sea mayor ahora que en cualquier otra época de la historia de nuestra iglesia.

El propósito de la Escuela Dominical

Si realizara un recorrido por la Escuela Dominical, observaría un ministerio especial en marcha, vería a personas de todas las edades recibiendo enseñanza por parte de maestros que utilizan métodos y enfoques adecuados a cada edad. Observaría a maestros trabajando confiada y eficientemente para ayudar a sus alumnos a aprender. Observaría a auxiliares de Escuela Dominical desempeñando responsabilidades administrativas. Al mirar la Escuela Dominical en acción, comenzaría a reconocer la cantidad de planeamiento, tiempo y esfuerzo que se invierte en ese ministerio.

No debemos subestimar el valor práctico del ministerio de la Escuela Dominical en la iglesia. Desafortunadamente, muchas iglesias han decidido interrumpir sus ministerios de Escuela Dominical. Es lógico esperar que la calidad o la entrega y la fe en esas iglesias sufra. En contraste, las iglesias evangélicas siempre han reconocido la prioridad de los ministerios educacionales, especialmente el de la Escuela Dominical. Existe una fuerte correlación entre el compromiso evangélico hacia la Escuela Dominical y el constante crecimiento de las iglesias tradicionales.

La comprensión adecuada de la Palabra de Dios proporciona la base bíblica sobre la cual se construyen las escuelas dominicales. En síntesis, la Escuela Dominical es el principal brazo de la iglesia para cumplir el aspecto de la enseñanza de la gran comisión de Cristo.

La Escuela Dominical es nuestro más eficaz y amplio programa de educación cristiana.

Richard Dresselhaus define así la educación cristiana:

> . . . el proceso por el cual el Espíritu Santo, usando instrumentos humanos, obra por medio de las Sagradas Escrituras para guiar a un individuo a la aceptación personal de Jesucristo, dirigirlo hacia la madurez espiritual y alistarlo en la comunión y el ministerio de la iglesia.[2]

Esa definición incluye tanto a la educación como a la evangelización, los dos grandes puntales de la gran comisión. La Escuela Dominical debe dirigirse hacia los inconversos con el evangelio y decirles acerca de Jesucristo. Debe procurar no sólo presentarles a Cristo sino ayudarlos a madurar en la fe. Todos estos esfuerzos son llevados a cabo por seres humanos que están capacitados divinamente y guiados por el Espíritu Santo.

¿Cuál es nuestra filosofía sobre la Escuela Dominical?

Una filosofía de la Escuela Dominical es una declaración que describe el pensamiento, los propósitos y la conducción del ministerio. El tiempo que se invierta en desarrollar cuidadosamente una filosofía de educación cristiana resultará en una Escuela Dominical bien organizada y revigorizada. Sin una filosofía clara, la educación cristiana ocurrirá al azar, sin definición de la meta a la que se dirige, cómo piensa llegar o qué hará una vez que haya llegado.

La filosofía de la Escuela Dominical comienza con una sólida fundamentación teológica basada en la Biblia. La educación cristiana reconoce la importancia de la teología. Algunas personas desvalorizan la teología, considerándola demasiado profunda o poco pertinente. Pero la teología y la educación cristiana están inseparablemente ligadas una a la otra. Sea que lo advirtamos o no, todos tenemos una teología personal que gobierna nuestra manera de vivir. Una Escuela Dominical bien desarrollada también tiene una teología que gobierna la manera en que funciona. Lo que creemos desde el punto de vista teológico determina los objetivos, el contenido y la metodología de nuestras escuelas.

Una teología sana, bíblicamente fundamentada, garantiza que nuestra educación cristiana será completamente cristiana y no una mezcla de elementos cristianos y seculares o humanísticos.

Uno de los grandes debates en la Iglesia cristiana en nuestros días tiene que ver con la influencias seculares sobre la educación en la iglesia. La base de la educación secular es la noción errónea de que el hombre en última instancia puede mejorarse a sí mismo con sólo aprender lo suficiente. Nos adherimos a la perspectiva bíblica de que el hombre es esencialmente pecaminoso y no puede hacer nada por cambiar su situación si no es por medio de una experiencia personal con Jesucristo. Nuestra filosofía se propone ayudar a las personas a venir a Cristo y luego *crecer* en esa relación. Hay una diferencia fundamental entre la base filosófica de la educación secular y la base filosófica de la educación cristiana.

Sin embargo, podemos utilizar lo que la educación secular tenga de bueno para ofrecer. Por ejemplo, se han desarrollado métodos muy eficientes de enseñanza en instalaciones de las escuelas públicas. No debemos tener temor de usarlos, mientras no contraríen nuestra filosofía. No podemos jamás tomar prestada una idea que nos obligue a renunciar a la naturaleza única de la educación cristiana.

La educación cristiana tiene un triple propósito, tomado de 2 Timoteo 2:2:

"Lo que has oído de mí ante muchos testigos, esto encarga a hombres fieles que sean idóneos para enseñar también a otros."

1. Ayudar a los alumnos a oír la verdad divina ("las cosas . . . que han oído");

2. Ayudar a los estudiantes a aprender y entender la verdad divina ("encargar a hombres de confianza"; y

3. Perpetuar la declaración de la verdad divina de una generación a otra ("también . . . enseña a otros").

Para ayudar a definir claramente estos propósitos para que los planes concretos contribuyan a alcanzarlos, se han identificado varios objetivos de la Escuela Dominical:

1. *Salvación* — Ayudar a cada alumno a recibir a Cristo.

2. *Conocimiento bíblico* — Ayudar a cada alumno a estudiar, entender, creer y obedecer la Biblia.

3. *Vida llena del Espíritu* — Ayudar a cada alumno a recibir el bautismo del Espíritu Santo y a caminar diariamente con el Espíritu.

4. *Crecimiento espiritual* — Ayudar a cada alumno a crecer hacia la madurez cristiana.

5. *Entrega personal* — Ayudar a cada alumno a entregar totalmente su vida a la voluntad de Dios.

6. *Servicio Cristiano* — Ayudar a cada alumno a encontrar y cumplir su lugar de servicio como miembro del cuerpo de Cristo, la Iglesia.

7. *Vida cristiana.* — Ayudar a cada alumno a aplicar los principios cristianos a cada relación y compromiso de la vida.

La Escuela Dominical como una extensión evangelística

La obra de la Escuela Dominical tiene un doble enfoque. Es tanto educativa como evangelística. Ningún aspecto es mayor que el otro. Vamos a analizar el aspecto educacional de la Escuela Dominical en los próximos capítulos. Consideremos aquí la evangelización en la Escuela Dominical.

Hemos dicho antes que la acción evangelística de la Escuela Dominical ha sido un importante factor en el crecimiento de nuestras iglesias. Richard Dresselhaus ha dicho: "El evangelismo es la llave en el crecimiento de la obra de Dios, y la Escuela Dominical es el brazo que mueve la llave."[3]

Evangelización significa básicamente "el avance de un mensajero con una buena noticia". La Escuela Dominical cabe perfectamente en esa definición. El buen maestro está dominado por la pasión de que el buen mensaje sea difundido. Proclama este mensaje a sus alumnos bajo la unción del Espíritu Santo. Los alumnos, movilizados por el mensaje y movidos por el Espíritu, van a sus hogares, escuelas y plazas de juego comprometidos a compartir el evangelio con quienes quieran oírlo. Se inicia una poderosa reacción en cadena en el corazón de hombres, mujeres y niños. . . y el reino de Dios se extiende.

La educación y el evangelismo dependen uno del otro para que la Escuela Dominical funcione de manera bíblica. Cuando las personas reciben el testimonio y son llevadas a la Escuela Dominical (evangelismo), deben recibir una presentación destinada a guiarlas a Cristo y adoctrinarlas en la fe (educación). Así enseñadas, ellas a su vez alcanzarán a otras (evangelismo), que necesitarán ser instruidas en la fe (educación). Ninguna Escuela Dominical cumple plenamente su objetivo sin una acción evangelística fuerte. La educación y el evangelismo deben estar en estrecha interdependencia.

Perfeccionando las escuelas dominicales

Las buenas escuelas dominicales no se producen por accidente. La planificación cuidadosa, el esfuerzo cooperativo, el liderazgo eficiente y la dedicación total son los ingredientes de las escuelas dominicales emprendedoras y exitosas.

A continuación hay una lista de varios principios que hacen fructífero este ministerio:

1. *Funcionamiento.* La organización es vital pero no es un fin sino un medio. El plan organizacional de una escuela debe ser viable y eficaz.

2. *Simplicidad.* La simplicidad no significa descuido o inercia, pero la regla es que "Cuanto más simple, mejor funciona".

3. *Integral.* Una Escuela Dominical bien organizada se relaciona con el ministerio total de la iglesia.

4. *Flexible.* Cada iglesia tiene su propia personalidad, que debe ser tomada en cuenta cuando se organiza una Escuela Dominical. La flexibilidad y adaptabilidad son esenciales en una organización eficiente.

5. *Personalizada.* Las escuelas dominicales ministran a las personas, no a las masas. Debemos mantener el enfoque en el individuo. Las escuelas dominicales no son líneas de montaje espirituales.

6. *Espiritual.* La organización es necesaria, pero es un pobre

sustituto de la espiritualidad. La escuela que pone todo el acento en la organización, fracasa. La escuela que busca a Cristo en primer lugar, tendrá éxito.

---

[1] Welch, J. W. *Our Sunday School Counselor.* 1915.
[2] Dresselhaus, Richard. *Your Sunday School at Work,* Unit 1, pp. 38, 39.
[3] Ibid.

CAPITULO CUATRO

EL MAESTRO

Hace aproximadamente treinta años, un profesor universitario asignó a un grupo de estudiantes la tarea de entrar en un barrio pobre, recoger información acerca de 200 muchachos entre 12 y 16 años, y predecir el éxito que tendrían en el futuro. Después de un período de investigación, los estudiantes presentaron sus pronósticos. Estimaron que, a causa del ambiente y de sus valores, el 90% de los muchachos finalmente pasarían un tiempo en la cárcel.

Recientemente se designó otro grupo de estudiantes para que determinaran el grado de acierto de las primeras predicciones. Volvieron a la zona para ubicar a los muchachos, ahora hombres. Algunos habían muerto, otros se habían mudado, pero de los 200, 180 fueron localizados por los estudiantes: De entre estos, ¡sólo cuatro habían estado alguna vez en la cárcel! Para tratar de determinar por qué las predicciones habían fallado, los estudiantes entrevistaron a cada uno de los hombres. Vez tras vez oyeron decir: "Bueno, tenía una maestra que . . ."

El setenta y cinco por ciento de los hombres había recibido las enseñanzas de una mujer que influyó tremendamente en la vida de ellos. Los estudiantes la localizaron en un hogar de ancianos, compartieron con ella sus hallazgos y le preguntaron qué había hecho para influir tan notablemente en la vida de esos muchachos. Ella pensó por un momento y no pudo identificar nada significativo que no fuera la siguiente afirmación: "Sentí cariño por esos muchachos. . ."[1]

El educador evangélico Findley Edge hizo la siguiente pregunta a 1.000 maestros de Escuela Dominical: "Antes de que llegara a ser maestro de Escuela Dominical, cuál fue su experiencia más significativa?" Casi el 88% respondieron "un maestro".[2]

El mundo está lleno de historias de maestros que han influido notablemente en la vida de sus alumnos. El más grande de los ejemplos es Jesucristo, a quien con frecuencia se le llama Maestro de maestros. Tomó un grupo heterogéneo de hombres, les enseñó durante un período relativamente breve de su vida, y ellos transformaron el mundo radicalmente.

Jesús es el ejemplo práctico de un gran maestro. Conocía bien el contenido de su materia, entendía el valor y el uso de métodos creativos de enseñanza, era sensible a las necesidades de los estudiantes y reconocía que la enseñanza exigía toda su vida. El impacto de su enseñanza fue tan grande que tiene tanto poder hoy como cuando El caminaba con sus discípulos. Examinando su enseñanza podemos aprender cosas que harán de nosotros mejores maestros.

Sus discípulos lo consideraban un maestro. Rara vez se dirigían a El de otra manera: de manera regular lo buscaban para recibir enseñanza específica (por ejemplo, "enséñanos a orar" [Lucas 11:1]).

Otras personas lo consideraban un maestro. No necesitamos más que fijarnos en Nicodemo y el joven rico para observar esto. Hasta los fariseos y los herodianos lo llamaban maestro.

Jesús tenía autoridad como maestro. Es cierto que su autoridad fluía de sí mismo y estaba enraizada en su deidad. Sin embargo, en su humanidad, mantenía las más elevadas normas morales y éticas. Ganamos autoridad como maestros por la manera recta en que conduzcamos nuestra vida.

Jesús era un maestro creativo, estimulante. Nadie que se sentara con Jesús quedaba sin ser afectado. Como maestro nunca se quedaba estancado en la rutina. Nunca empleaba un solo método de enseñanza. Usaba lecciones objetivas (Mateo 6:28; 22:19), narraba historias (Lucas 10:30; 15:11), dramatizaba los temas (Mateo 8:26; 21:19-22). Era versátil, flexible y creativo. No cabe duda de que ésta era la razón por la cual "todo el pueblo venía a El por la mañana para oírle en el templo" (Lucas 21:38).

Jesús conocía y entendía a la gente. Observaba a aquellos que lo rodeaban. Demostraba amor hacia las personas en lo que hacía. No enseñaba porque le gustaba enseñar. . . enseñaba porque amaba a las personas.

Era un perito de la comunicación, y hablaba en un lenguaje

que el hombre común podía entender. Conocía la eficacia de atraer la atención y mantenerla. Repetía las cosas importantes y hacía preguntas para asegurarse de que la gente entendía.

Era pertinente. Las cosas que enseñaba las relacionaba a la vida. Enseñaba verdades que los demás podían reconocer y poner en práctica. Las grandes multitudes que lo seguían son un testimonio de su enseñanza práctica.

Jesús estimulaba la participación del alumno. Conocía el valor de aprender haciendo. Observe las palabras activas que usaba continuamente: vengan, vayan, sigan, hagan, prediquen. Sabía que su enseñanza no era eficaz hasta que sus oyentes empezaran a hacer algo con ella.

Jesús motivaba. Motivaba a la gente a la acción llamándolos a responder a la verdad divina, a su amor, a sus propias conciencias, y a los impulsos del Espíritu Santo. Todas son motivaciones intrínsecas. También usaba motivaciones extrínsecas cuando prometía recompensas y beneficios a aquellos que lo seguían.

Podemos imitar a Jesús en cada uno de esos aspectos, aprendiendo a sentir confianza como maestros. Aprendiendo cómo hacer un buen trabajo, podemos ser vistos por los otros como buenos maestros. Es posible alcanzar más autoridad por medio de la calidad de nuestra vida. Podemos ser tan creativos como deseemos. Podemos estudiar a la gente en general y aprender acerca de aquellos a quienes vamos a instruir. Podemos aprender acerca del proceso de enseñanza y usarlo para provocar aprendizaje. Todo lo que necesitamos es el deseo de hacerlo y voluntad de trabajar.

¿Por qué? Porque la enseñanza es un arte, no una ciencia. Si pretendemos entender plenamente la naturaleza de la enseñanza, debemos entender la diferencia. La ciencia supone un aprendizaje que implica leyes, teoremas, hipótesis, y matemáticas. Muchas verdades de la ciencia nunca cambian. La ciencia se puede llevar adelante muchas veces sin contacto con la gente. Las leyes científicas tienden a ser verdades estáticas, y una vez que se han aprendido las leyes, éstas gobiernan la manera en que se prosiguen los estudios científicos.

Las artes admiten creatividad incesante. No importa lo bien que uno haya aprendido su arte, siempre puede mejorar. Si un pianista concertista llega a la cúspide de su campo y toca en los salones de concierto más encumbrados, puede, mediante la práctica, llegar a ser mejor. Las artes admiten la expresión creativa y la transformación. El maestro es más un artista que un científico.

Una vez, durante un encuentro de obreros en una iglesia local, una señora mayor se levantó para proclamar que ella tenía quince años de experiencia en la Escuela Dominical. El director de educación cristiana de la iglesia hizo una mueca, porque él sabía que no era así. Lo que tenía era un año de experiencia en la enseñanza, que se había repetido quince veces. Todos los años hacía exactamente lo mismo. Nunca creció profesionalmente. Nunca construía sobre la experiencia de años anteriores. Nunca incorporaba métodos de enseñanza nuevos y creativos. Nunca evaluaba a fin de detectar en qué aspecto necesitaba hacer ajustes. No comprendía lo que significaba ser un artista. ¡Qué lamentable!

También hay miles de personas que enseñan de manera voluntaria en nuestras escuelas dominicales que no logran ver la diferencia. En consecuencia, su enseñanza es con frecuencia aburrida, no es inspirada y a veces es contraproducente.

Debemos ayudar a nuestros voluntarios a reconocer dos hechos importantes.

En primer lugar, una persona no necesita haber "nacido maestro". Si una persona está genuinamente interesada en aprender, puede llegar a ser un buen maestro. Puede adquirir las capacidades adecuadas y desarrollar la actitud mental indicada que harán de él un verdadero artista.

En segundo lugar, una persona no necesita graduarse con cuatro años de un profesorado para poder enseñar bien. Por cierto, la capacitación profesional es una ventaja, pero es un error dar por sentado que la falta de título impide que una persona sea un buen maestro. Los maestros cristianos deben tener ciertas cualidades además de aquellas requeridas en el campo secular. Deben tener una profunda consagración a Cristo, lealtad a su iglesia, y una actitud sumisa, abierta a aprender. Deben considerar su tarea de enseñar como un llamado más que como un trabajo.

En este aspecto es donde vemos la diferencia más tremenda entre los maestros seculares y los cristianos. En la iglesia, enseñar es un don otorgado por el Espíritu Santo. Efesios 4:7-13 deja claro que Cristo da dones de apóstoles, profetas, evangelistas, pastores y maestros a la iglesia "a fin de perfeccionar a los santos para la obra del ministerio, para la edificación del cuerpo de Cristo, hasta que todos lleguemos a la unidad de la fe y del conocimiento del Hijo de Dios, a un varón perfecto, a la medida de la estatura de la plenitud de Cristo" (Efesios 4:12, 13).

Un maestro secular puede elegir su profesión porque le gusta la materia o disfruta del proceso de enseñanza. Pero un maestro cristiano debe decidir enseñar porque siente una profunda conciencia de que Cristo lo ha provisto con el don para esa tarea. Un maestro secular puede enseñar siete u ocho horas diarias, irse a su casa y olvidarse del trabajo y de los alumnos. Un maestro cristiano no puede adoptar "una actitud dominical durante cincuenta minutos"; por el contrario, debe estar siempre listo. Dotado, llamado, constreñido, el maestro cristiano reconoce la responsabilidad espiritual y humana de se vocación.

Cuando Cristo — en su divina discreción — le da a alguien el don de enseñar, lo hace basado en el potencial espiritual, la devoción y obediencia, las capacidades naturales y el amor de esa persona por la gente, y a su divina elección.

Los que son llamados deben poner empeño de ejercer su don. Deben prepararse bien, usando su don de la mejor manera. Eso significa que deben tener interés de capacitarse, leer, practicar, ser creativos y mejorar constantemente. Cada don de Dios requerirá dar cuentas a El.

Este libro surge de la toma de conciencia del elevado llamado del maestro y de su responsabilidad aun mayor de rendir cuentas de ese don. Mencionamos antes que no se requiere un título universitario para enseñar en la iglesia. Pero eso no significa que los cristianos pasen por alto el valor del adiestramiento. Creemos que una persona llamada por Dios puede aprender y llegar a ser un excelente maestro, pero requiere esfuerzo, capacitación y un compromiso para perfeccionar el propio don. Por eso, la formación de maestros es una importante responsabilidad de la iglesia. Es el medio por el cual maestros que han sido llamados por Dios aprenden a ejercer su don para la gloria de Dios y el beneficio de sus alumnos.

¿Cuáles son las metas del adiestramiento de maestros en la iglesia?

Ninguna iglesia que reconozca las implicaciones bíblicas vinculadas con el adiestramiento dejaría jamás de ofrecer tal adiestramiento (y ningún individuo que reconozca esas implicaciones lo rechazaría). La meta de la iglesia es ayudar a los maestros a adquirir la capacitación especial necesaria para enseñar. Un maestro capacitado es aquel que entiende y sigue los siguientes conceptos:

Representar a Jesucristo. El maestro cristiano es un representante, un embajador, un agente de Jesucristo, aun cuando lo "hayan puesto" en el cargo. Es decir, una persona puede llegar a ser maestro de Escuela Dominical empezando por reemplazar a alguien u ocupar un cargo de manera temporal y luego no ser relevado. Independientemente de cómo haya llegado allí, si un individuo se siente cómodo en su papel de maestro, deberá tomar conciencia de su elevada posición. Es Cristo quien lo ha dado a la iglesia como maestro (véanse Efesios 4:7, 8, 11-13).

Dando forma a la fe. Se cuenta la historia de una niña que le preguntó a Jorge Müller si podía ir a su orfanato para ver desayunar a los niños. Aunque el señor Müller sabía que las alacenas estaban vacías y los niños no comerían a menos que el Señor proveyera, aceptó gentilmente la compañía de la niña. Por fe, esa mañana todos oraron por la provisión de alimentos para ese día. Una llamada a la puerta rompió el silencio: el Señor envió a alguien a llevarles la comida que necesitaban. Se comprende por qué esta niña creció y llegó a ser una mujer de gran fe. El señor Müller no había hablado en forma abstracta acerca de la fe. Con su propia vida, había demostrado el poder de la oración y la bondad de la provisión de Dios.

Las verdades de la Biblia deben ser enseñadas por el ejemplo, de lo contrario se mantendrán abstractas e inalcanzables. Las consecuencias de enseñar mediante el ejemplo son serias porque abarcan todas las facetas de la vida de un maestro. Si el maestro no es regular en su asistencia a la iglesia, los alumnos aprenderán a comportarse de la misma manera. Si el maestro no es puntual, los alumnos se habituarán a llegar tarde. La lista podría continuar.

El destacado psicólogo evangélico James Dobson explica esa verdad de la siguiente manera: "¡No es tanto lo que se enseña sino lo que se aprende!" Tenemos que tener cuidado de que nuestras acciones concuerden con nuestras palabras. Si enseñamos una cosa en clase y luego actuamos de manera contradictoria, confundimos al alumno.

Cultivar relaciones. En la educación cristiana una buena cantidad del aprendizaje es inseparable de la interrelación. A menos que tengamos una relación buena y cada vez más intensa con nuestros alumnos, nunca aceptarán realmente lo que enseñamos. Eso es especialmente cierto respecto a la juventud. Los maestros deben ser agradables, abiertos, afectuosos, cariñosos, pacientes y mucho más. Y todos esos rasgos agradables de la personalidad deben estar unidos entre sí por el amor. Como escribe Don Griggs: "Quizás el papel más importante que pueda desempeñar un maestro es el de ser un amigo..."[3]

Preparar el hombre interior. Pablo le dijo a Timoteo: "Procura con diligencia presentarte a Dios aprobado, como obrero que no tiene de qué avergonzarse, que usa bien la palabra de verdad" (2 Timoteo 2:15).

Debemos tener en cuenta dos cosas importantes respecto a la preparación espiritual. En primer lugar, carecemos de poder para enseñar como Dios quiere si no lo hacemos con la ayuda del Espíritu Santo. Por lo tanto, debemos depender de El. En segundo lugar, debemos esforzarnos. La preparación espiritual requiere un compromiso de la voluntad para estudiar, orar, y hacer todas las cosas necesarias para el crecimiento del hombre interior.

Deberíamos sentirnos estimulados en medio de nuestro trabajo duro, de nuestro adiestramiento, de nuestra preparación. Este esfuerzo no queda sin recompensa. Enseñar en la iglesia ofrece algunas ventajas benditas y únicas. Los maestros tienen la oportunidad de alcanzar un crecimiento personal y una satisfacción en Cristo que se dará naturalmente si hacen bien su trabajo.

Los maestros tienen la maravillosa oportunidad de guiar a personas a Cristo y luego discipularlos para que lleguen a ser cristianos maduros.

Los maestros tienen la oportunidad de conocer a muchas

personas. Alguien dijo que si realmente queremos conocer a Dios, debemos preocuparnos por lo que es más caro a su corazón: la gente. El cristianismo es una fe que establece vínculos: primero con Cristo, luego con la gente.

Enseñar proporciona una oportunidad única de aprender bien la Biblia. No podemos enseñar sin un estudio serio y sistemático de la Biblia.

Por sobre todas las cosas, enseñar ofrece la oportunidad de invertir para la eternidad. La enseñanza cristiana trasciende lo temporal. ¡Qué pensamiento maravilloso y a la vez terrible que los que enseñan en la Escuela Dominical tienen la llave hacia la eternidad de muchos alumnos!

---

[1] *Bits and Pieces,* Octubre de 1976, pp. 12-14

[2] Edge, Findley B. *Teaching for Results.* Nashville: Broadman Press 1956, p. 223.

[3] Griggs, Donald L. *Teaching Teachers to Teach.* Nashville: Abingdon Press, 1974, p. 2.

CAPITULO CINCO

FACTORES DEL PROCESO DE ENSEÑANZA

En *Learning Together* [Aprendiendo juntos], Ron Held describe brevemente lo que no es la enseñanza.

> Enseñar no es
> Hablar. . .
> Dejar que los estudiantes se la pasen hablando. . .
> Simplemente cumplir con la lección asignada. . .
> Llenar la cabeza de los alumnos de cosas sin pensar
>   en su efecto en el corazón y en la vida de ellos. . .
> La actividad por la actividad misma. . .
> Pretender que el Espíritu Santo cubra la falta de
>   preparación y planificación adecuada. . .
> Un ejercicio de superioridad espiritual. . .
> Limitado a una hora del domingo por la mañana.[1]

Al leer esta lista nos vemos obligados a plantear la pregunta fundamental: "¿Qué es enseñar?"

El diccionario sugiere que enseñar es mostrar cómo hacer algo, dando lecciones e impartiendo conocimiento. Esa afirmación puede ser cierta en un sentido técnico, pero constituye una definición inadecuada de la enseñanza en la Escuela Dominical. Piense en algunos de los siguientes elementos:

1. *La enseñanza comienza por el contenido.* Debe haber algo que queremos enseñar, alguna información o temática que necesita ser trasmitida. Para el maestro de Escuela Dominical, el tema es la revelación que Dios hizo de sí mismo en su Hijo, Jesucristo, tal como está en la Biblia. El maestro cristiano debe tener un enfoque disciplinado y sistemático de esta temática. Más aun, ese enfoque debe hacerse teniendo al alumno — y no al maestro — en mente.

2. *Enseñar requiere plantearse objetivos:* Objetivos, propósitos, metas... cualquiera que sea el término que se use, debemos identificar nuestro(s) propósito(s) al enseñar determinada materia. El maestro debe preguntar: "¿Qué es lo que estoy tratando de lograr con mi enseñanza?" "¿Qué quiero que entiendan mis alumnos sobre el tema tratado como resultado de la enseñanza?" y "¿Qué es lo que van a saber, hacer y sentir respecto al contenido?"

Algo esencial para el proceso de la enseñanza son los objetivos claramente determinados. Definen las intenciones del maestro y constituyen la base para evaluar su éxito. Sin objetivos claros el maestro puede comprobar el bien conocido proverbio de apuntar a nada y hacer blanco.

Los objetivos se clasifican en tres categorías: cognoscitivos (informaciones y conocimientos sistematizados), automatismos (capacidades, hábitos y destrezas específicas) y emotivos o afectivos (sentimientos, ideales y preferencias). Como los objetivos de *conocimiento* indican lo que los estudiantes deben haber aprendido como resultado de la lección, son los más fáciles de medir. Pruebas, resúmenes escritos, conversaciones, afirmaciones breves, y métodos similares a estos, son las herramientas de medición. Usándolos el maestro puede determinar fácilmente con cuánto éxito ha enseñado los hechos.

Los objetivos *emocionales* están relacionados con las actitudes. Son más difíciles de medir porque generalmente dependen de la observación subjetiva del maestro o de la expresión subjetiva del estudiante. A pesar de ello, pueden — y deben — ser medidos.

El maestro puede ayudar a determinar si esos objetivos se están alcanzando permitiendo suficiente libre expresión entre los alumnos y ayudándoles a entender la interrelación entre el contenido y las emociones. Por ejemplo, un objetivo emocional de una lección que trata sobre la conversión sería el de ayudar a los alumnos a sentir la necesidad de aceptar a Cristo. Durante o después de la lección, el maestro debería permitir a los alumnos que expresen sus sentimientos en relación a lo que han aprendido. Si un alumno reconoce que siente la necesidad de recibir a Cristo, el maestro sabrá que ese objetivo específico ha sido alcanzado por el alumno.

De los tres tipos de objetivos, los del comportamiento son los más difíciles de medir porque tienden a lograrse después de un largo período de tiempo. Es probable que un maestro no llegue a ver si su alumno comienza a poner en práctica lo que se le ha enseñado durante un año de clases. Pero eso no indica necesariamente que el maestro ha fallado. El estudiante puede estar viviendo el proceso de aprender la necesidad de practicar el evangelio. O bien, el alumno puede empezar a cambiar al cabo de semanas y meses, adaptándose a las expectativas bíblicas para su vida. En ese caso, el objetivo del comportamiento puede ser evaluado después de un período de tiempo.

3. *La enseñanza requiere un proceso formal.* Habiendo identificado el tema y establecido los objetivos, el maestro debe preguntarse: "¿Qué debe suceder en el aula para asegurar que los alumnos realicen los objetivos?" Esta pregunta conduce al maestro a tomar decisiones acerca de currículo, métodos de enseñanza, y recursos. Este es el momento en que un maestro debe preparar un plan de la lección para orientar su tarea de instrucción. En ese plan se establece el esquema de tiempo, se hace la lista de materiales, se explican los métodos y se determinan los recursos que se necesitarán.

4. *La enseñanza requiere evaluación.* Después de la clase el maestro debe evaluar sus esfuerzos para determinar en qué ha tenido éxito y en qué ha estado flojo. Desafortunadamente muchos maestros nunca se evalúan a sí mismos, ni permiten que otros los evalúen. Algunos temen que la evaluación ponga de manifiesto sus fallas. Otros quizá piensen que están haciendo un buen trabajo y que no necesitan evaluación. Ninguno de los extremos es bueno. La enseñanza es un proceso y un arte. Como señalamos en el capítulo anterior, la enseñanza debe ser practicada, cultivada, explorada y constantemente perfeccionada. La evaluación no es un procedimiento negativo destinado a intimidar o avergonzar al maestro. Más bien es una guía para ayudar a los maestros a mejorar. Todo maestro de Escuela Dominical realmente consagrado debería desear una evaluación sincera porque eso lo ayudará, en última instancia, a servir mejor en el reino de Dios.

Los cuatro elementos señalados con anterioridad se relacionan mayormente con lo que puede ser denominado enseñanza formal, el tipo de enseñanza que ocurre en una sesión planificada y bien preparada. Sin embargo, la definición cristiana de la enseñanza va mucho más allá de la enseñanza formal.

Los educadores cristianos generalmente coinciden en el hecho de que hay una parte de la enseñanza que sucede con más frecuencia fuera del aula y tiene tanta influencia como la instrucción formal. Pudiéramos referirnos a ella como enseñanza informal. Abarca aquello que se enseña por medio del ejemplo. El lugar en que ocurre esta forma de instrucción, puede ser cualquiera en el que interactúen maestros y alumnos. Todo lo que un maestro hace y dice cuando es observado por un alumno, afecta el aprendizaje. Observando cómo reaccionan los maestros fuera de la clase, los alumnos llegarán ya sea a aceptar o rechazar lo que fue formalmente enseñado.

Los estudiantes observan los estados de ánimo del maestro, sus hábitos, actitudes, estilo de vida y aun más. Si vive de una manera inconsecuente con lo que enseñó formalmente, los alumnos se sentirán confundidos y la enseñanza quedará desacreditada. Por ejemplo, si el maestro dice que los cristianos deben mostrar amor unos por otros y llevar unos las cargas de otros, pero luego deja la clase sin prestarle atención a quien esté en necesidad, les enseñará a sus alumnos por medio de sus acciones que no creía lo que dijo en la clase. El maestro se mostrará falto de sinceridad. Lo que realmente habrá enseñado será la hipocresía.

Es fundamental que la enseñanza formal e informal concuerden. Debemos tomar en serio el viejo axioma de "Practicar lo que se predica".

En realidad, lo que enseñamos de manera no formal determina el grado de aprendizaje que puede tener lugar durante la enseñanza formal. Si nuestros estudiantes nos tienen confianza y respeto, si creen que realmente nos preocupamos por ellos, si ven que nos esforzamos sinceramente por servir y obedecer a Cristo, se sentirán mucho más dispuestos a prestar atención a lo que tenemos que decir en clase. El maestro de Escuela Dominical no debiera nunca desestimar la necesidad de vivir una vida cristiana consecuente. Pararse ante la clase, enseñar la Palabra de Dios con eficiencia, sentir y atender las necesidades de los estudiantes, requiere un elevado grado de confianza entre maestro y alumnos. Un maestro debe tener bajo control sus emociones y actitudes, esforzándose para evitar que las actitudes negativas obstaculicen el proceso de aprendizaje. Consideremos a continuación varias actitudes que pueden dañar la relación maestro-alumno.

El temor al fracaso. El temor al fracaso no es nada antinatural ni extraordinario, especialmente a la luz de las grandes responsabilidades inherentes a la enseñanza cristiana. Pero los maestros no necesitan permitir que este temor se aloje en la vida de ellos porque puede ser devastador. El llamado a enseñar no proviene de los hombres sino de Dios. Si la tarea de enseñar dependiera sólo de nuestra iniciativa y nuestros recursos, probablemente fracasaríamos. Pero Dios da poder a aquellos a quienes El llama. Así, no hay nada que tenga poder suficiente para impedir el éxito del maestro que confía plenamente en Dios y se esfuerza en cumplir su voluntad.

El temor al fracaso es generalmente el resultado de una confianza mal orientada y del falso orgullo. El maestro cristiano es un vocero, un delegado para proclamar el evangelio. Su mensaje es de Dios; el logro de su cumplimiento depende de Dios. Cuando un maestro reconoce esto, entonces la aparente debilidad humana sirve para poner de manifiesto el poder y la soberanía de Dios.

A veces los maestros tienen expectativas demasiado altas en relación a sus capacidades humanas. Algunos maestros creen que son responsables por todo. Pero, que el alumno acepte la enseñanza y la ponga en práctica no es exclusivamente problema del maestro. Aquí se aplica lo del viejo proverbio: "Se puede guiar a un caballo hasta el agua pero no se lo puede obligar a beber." Los alumnos también comparten la responsabilidad del aprendizaje. El maestro puede hacer todo lo posible para llevarlos hasta el punto de aprender, pero en última instancia es el alumno quien decide responder. En la enseñanza cristiana, algunos de los factores del aprendizaje están más allá del control del maestro. Cuando se trata de la conversión, el maestro puede proporcionar información e influir en el ambiente del alumno pero la convicción debe provenir del Espíritu Santo, y la decisión de aceptar a Cristo debe venir del alumno mismo.

Los maestros no son superhombres espirituales. Son los que facilitan el proceso de aprendizaje para que funcione lo mejor posible según las circunstancias imperantes.

Si el maestro se concibe a sí mismo como el centro de todo lo que ocurre, al fin llegará a tener una de dos reacciones: podrá darse cuenta de que es incapaz de vivir de acuerdo con sus expectativas idealistas, en cuyo caso se desilusionará, se gastará, y tendrá temor de volver a probar. O puede empezar a creer que es capaz de tales metas elevadas y llegar al orgullo y a la arrogancia. Cualquiera de las dos reacciones destruye el aprendizaje.

El mejor enfoque es el de reconocer que Dios llama, Dios capacita y El acepta la responsabilidad final por lo que ocurre. El papel del maestro es estudiar bien, prepararse cabalmente, enseñar de manera eficiente, evaluar con honradez, crecer de manera constante, y orar continuamente para que Dios multiplique el esfuerzo humano.

La amenaza del negativismo. Mucha gente capaz será siempre ineficiente por ser tan pesimista. Eso no implica que basta pensar de manera optimista para tener éxito, pero es cierto que el pensamiento negativo restringe la visión, desalienta el arriesgarse y deprime las relaciones. Algunos maestros de Escuela Dominical están convencidos de que su tarea es imposible. El domingo no les entusiasma. Como una computadora, la mente responde a los estímulos cerebrales, reacciona de acuerdo a ellos, y dirige el curso de acción. Si la mente espera el fracaso, bien puede ocurrir el fracaso.

Debemos recordarnos a nosotros mismos que como maestros nuestro éxito no nos pertenece. La obra de Dios no depende únicamente de la eficiencia humana. Debemos centrar nuestras actitudes en Jesucristo. Debemos sentirnos estimulados por el hecho de que El trabaja para nosotros. Por consiguiente, debemos entrar al aula con fidelidad, energía y confianza. Como maestros llenos de fe, debemos centrarnos en su obra más que en nuestras limitaciones. *El esfuerzo de ser ejemplo.* El maestro de Escuela Dominical debe estar dispuesto a ofrecerse como ejemplo a su clase. Como mencionamos antes, enseñamos más por el ejemplo que por lo que decimos. Algunos pueden preguntar: "¿Qué derecho tiene un maestro de sugerir que su vida vale la pena ser imitada?" Eso es precisamente lo más importante. El maestro consagrado dirige a sus alumnos a Cristo, el único ejemplo perfecto. Con humildad, el maestro permite que la luz de Cristo se filtre a través de su vida como una demostración lograda — aunque imperfecta — del ejemplo divino. Visto de esta manera, el énfasis está en Cristo, y la dependencia del maestro descansa en la gracia de Dios. No nos mostramos a nosotros mismos como modelos perfectos. Más bien, humildemente pedimos a los alumnos que nos contemplen a nosotros sólo para que allí puedan ver a Cristo.

La falta de tiempo. Tuve una vez un maestro que siempre empezaba la clase de esta manera: "Bueno, no tuve mucho tiempo de preparar esta lección, pero haré lo mejor que pueda." El problema en este caso era la pereza y la autojustificación, ambos inaceptables en maestros de Escuela Dominical.

El uso sabio del tiempo, sin embargo, influye en el aprendizaje. Los maestros eficientes aprenden a establecer límites de tiempo y ajustarse a ellos, planeando cuidadosamente su horario. Permitirle al Espíritu Santo que enseñe la autodisciplina es algo esencial para la administración del tiempo.

Conflictos de personalidad. La información y la metodología no son suficientes para producir el aprendizaje. Uno debe poseer la capacidad de trabajar cooperativamente con otros. Los maestros deben tener apertura hacia la gente. Deben llevarse bien con los alumnos, también deben llevarse bien con los maestros del equipo y colegas del personal. Los conflictos internos entre los estudiantes y el personal sembrarán intranquilidad, irritación y divisiones que obstaculizarán el crecimiento y el aprendizaje. Tales conflictos pueden prevenirse cuando los maestros entienden que son siervos de sus hermanos y hermanas compañeros de trabajo (Mateo 20:27, 28). Jesús era un siervo que no estaba interesado en obtener reconocimientos o poder. Cuando todos se conducen con actitud servicial, emerge un espíritu de equipo que trae gloria al reino.

Todas estas actitudes docentes tienen influencia sobre el aprendizaje. El proceso de la enseñanza gira alrededor del papel del maestro, abarcando actitudes, capacidades, acciones, enseñanza formal e informal, vocación y profundidad espiritual, planeamiento, recursos y mucho más. Uno puede fácilmente sentirse abrumado ante la inmensidad de la empresa. La clave para los maestros de Escuela Dominical, es advertir que Dios garantiza la eficiencia de los que lo sirven con obediencia. Recuerde que todo es posible en Cristo que fortalece.

---

[1] Held, Ronald G. *Learning Together.* Springfield, Missouri: Gospel Publishing House, 1976, pp. 37, 38.

CAPITULO SEIS

EL ALUMNO

Piense en tres personas de su clase. ¿Conoce sus nombres completos? ¿Puede recordar dónde viven? ¿Tiene anotados sus números telefónicos? ¿Sabe las fechas de sus cumpleaños? ¿Tiene relación con sus familias? ¿Tiene conocimiento de alguna circunstancia familiar especial? ¿Cuáles son sus pasatiempos? ¿Cómo les va en la escuela? ¿Qué puede decir de la calidad de su testimonio cristiano? ¿Tienen alguna necesidad especial? ¿Cuándo recibieron a Jesucristo como Salvador?

¿Conoce realmente a sus alumnos? Para poder enseñarles bien, debe ser capaz de contestar la mayoría de las preguntas del párrafo anterior.

Que cada persona sea única es una especialidad del Creador. A pesar de ello, la mayoría de las personas comparten características en determinadas etapas de desarrollo. En este capítulo vamos a considerar la peculiaridad de sus estudiantes como también sus similitudes.

Cuando examinamos la vida de Cristo, se hace evidente que siempre tenía tiempo para la gente. Tomaba individuos de la multitud y ponía especial atención en ellos. Invertía tiempo y esfuerzo en la vida de unas pocas personas. Los maestros cristianos también deben concentrarse en individuos. Es un lamentable fracaso que un maestro de Escuela Dominical sienta que su responsabilidad se limita a cincuenta minutos del día domingo. Para estos maestros, enseñar significa completar el trimestre. Ese enfoque no tiene nada que ver con la verdadera enseñanza y el verdadero aprendizaje. El proceso de enseñanza-aprendizaje gira alrededor del alumno. La meta es hacer que la Palabra de Dios sea viva y pertinente en la vida de los alumnos. Los buenos maestros de Escuela Dominical se preocupan con un solo estudiante que no está respondiendo.

¡Qué característico de Jesús! Vemos la misma preocupación en el pastor de la parábola de la oveja perdida. Se siente preocupado y movilizado con la pérdida de una oveja. ¡Qué lección acerca del valor del individuo!

La pauta de éxito de los maestros de Escuela Dominical no es el que hayan completado todas las lecciones del libro. Más bien es el grado de progreso espiritual en la vida de sus alumnos. Los maestros no enseñan a una clase; enseñan a individuos.

Richard Dresselhaus expresó esta verdad singular al escribir: "Todo alumno tiene una puerta en su alma. Para algunos la puerta está firmemente cerrada y aparentemente resulta imposible de abrir. Sin embargo, la tarea del maestro es encontrar la llave que abrirá el alma a la verdad espiritual." Puede ser una tarea difícil, pero ésa es la esencia de la enseñanza de las escuelas dominicales. Debemos penetrar en la vida de nuestros alumnos. Llegar a formar parte de la vida de otra persona requiere una capacidad dada por Dios. Esa es una de las razones por las que la enseñanza cristiana es un don dado a la iglesia.

La Escuela Dominical es un ministerio tanto evangelístico como educativo. Habiendo ya tratado el aspecto evangelístico, volvamos nuestra atención a la acción educativa.

La Escuela Dominical debe ayudar a los creyentes a madurar en la fe, a comprender más claramente las demandas de esa fe y a que pongan en práctica lo que han aprendido.

La Escuela Dominical se centra en el alumno, porque lo que se desea es que en él se produzca cambio y crecimiento. Lois LeBar escribió: "¿Qué es la enseñanza sino el ayudar a la gente a aprender? Por lo tanto, el problema básico no es la enseñanza sino el aprendizaje. A menos que descubramos cómo aprende la gente, no seremos capaces de enseñar como se debe."[1] Para que podamos apreciar el papel educativo de la Escuela Dominical debemos tener conocimientos acerca del alumno; debemos entender cómo aprende este. Por lo tanto, enseñar no es tanto dispensar información sino llegar a conocer suficientemente a los alumnos como para guiarlos hacia el descubrimiento de la verdad.

Aprendiendo a comprender al alumno

¿Cómo puede el maestro conocer las diferencias individuales entre los alumnos? En primer lugar, debemos considerar lo que la Biblia dice acerca de la gente. Ron Held trató este asunto en *Learning Together* [Aprendiendo juntos].

Diversas afirmaciones acerca del alumno se hacen obvias a partir de un estudio de la perspectiva bíblica del hombre. La Biblia enseña que el hombre ha sido creado a imagen de Dios (Génesis 1:26). Como tal, posee mucho potencial para desarrollar. Pero también es un pecador, separado de su Creador, y necesitado de salvación (Romanos 3:23). En este punto es donde el educador cristiano difiere del humanista secular que tiene una elevada admiración por los logros humanos y por la bondad del hombre. El maestro cristiano procura dar la oportunidad a cada alumno de entrar en una experiencia personal genuina con Dios por medio de la fe en la obra redentora de Cristo (Romanos 5:1). Después de experimentar la salvación, el alumno debe ser guiado hacia la madurez en Cristo (Efesios 4:13, 15)[2].

Dado que el nuevo nacimiento se experimenta generalmente como una crisis, es fácilmente observable. Sin embargo, como la maduración es un proceso que dura toda la vida, el maestro necesita saber cómo orientarlo. He aquí dos sugerencias prácticas:

1. *Observe el estilo de vida del alumno.* Ningún maestro llegará siquiera a conocer a sus alumnos si los ve sólo unos minutos el domingo. Observar el estilo de vida significa que el maestro aprovechará las oportunidades en que pueda ver a sus alumnos en distintas facetas de su vida. Por ejemplo, compartir con sus alumnos alguna actividad escolar. También puede averiguar acerca del alumno a través de sus padres, de otros maestros, de sus amigos, y a través de entrevistas con el alumno.

El propósito de observarlo de esta manera no es obtener información que pueda ser usada para manipular o avergonzar a un estudiante. La observación debe ser la expresión de un genuino interés. A la vez, el maestro observa al alumno para medir y evaluar la eficacia de su propia enseñanza. Si un estudiante está creciendo en Cristo, y esto resulta evidente en su vida, entonces el maestro ha tenido éxito.

La observación tiene por objeto determinar cómo marcha el alumno en la escuela, en el hogar y con sus compañeros; también debiera observarse su capacidad para captar la verdad espiritual y aplicarla en su vida, y conocer sus metas y prioridades. Averiguar estas cosas lleva tiempo, y también implica pasar tiempo con el estudiante. Recuerde que Jesús se involucró personalmente con la vida de doce hombres por los cuales estaba siempre preocupado. No hay ningún camino fácil hacia una enseñanza productiva en la Escuela Dominical, pero los resultados bien valen el esfuerzo.

2. *Mantenga registros precisos.* Los buenos informes constituyen una valiosa fuente para medir el crecimiento. Dado que el crecimiento es un proceso que lleva mucho tiempo y generalmente abarca un período de varios años, no es suficiente que un maestro entienda los rasgos peculiares de un alumno determinado. La información debiera ser transferida a los subsiguientes maestros de un año a otro. De hecho, debiera mantenerse una ficha informativa sobre cada alumno y ponerla a disposición de los maestros. Cuando se promueve a los alumnos, los maestros debieran compartir información sobre ellos para ayudar a los nuevos maestros a empezar a conocerlos. Los buenos informes deben incluir los siguientes datos:

a. *Historia familiar.* Los especialistas difieren respecto al grado en que la herencia y el medio afectan el aprendizaje, pero todos concuerdan en que son factores importantes. La vida familiar juega un papel fundamental en el modelado de la personalidad y del estilo de vida. Conocer al alumno requiere conocer algo respecto a su familia.

b. *Nivel socioeconómico.* Pueden surgir conflictos en una clase de Escuela Dominical a raíz de grandes diferencias en el trasfondo socioeconómico de los alumnos. Esas diferencias generan la conformación de grupos. Pueden hacer que los alumnos se sientan hostiles, inseguros, rechazados. El maestro sabio se asegurará de que cada alumno se sienta aceptado y amado, independientemente de su condición económica.

c. *Valores culturales y étnicos.* Es probable que una clase tenga alumnos de dos o más grupos étnicos. El maestro sabio aceptará grupos divergentes y sus diferencias, pero también mostrará por su propia actitud la necesidad común a los hombres de experimentar el amor de Dios y compartirlo unos con otros. La actitud del maestro puede ser un factor unificador en la clase y facilitar enormemente el aprendizaje.

d. *Capacidad, aptitud, destreza.* Un problema común tanto en las aulas seculares como cristianas es la diversidad de capacidades, aptitudes y destrezas entre alumnos de la misma edad. Algunos pueden ser muy inteligentes. . . pero carecer de motivación. Otros pueden estar altamente motivados pero tener destreza y aptitudes de nivel medio. Y aun hay otros que pueden tener muy poco interés en aprender y pocos recursos con los cuales trabajar. El maestro debe conocer las capacidades de cada individuo y actuar en consecuencia.

e. *Necesidades personales y autoestima.* Estrechamente relacionados con la historia están las necesidades personales y la imagen propia. Algunos estudiantes se sienten seguros y confiados. Se sienten protegidos y no requieren de mucha atención especial. Otros se sienten inferiores e inseguros, especialmente entre sus compañeros. El maestro necesita ofrecer atención adicional a esos estudiantes. Necesitan la sensibilidad especial de un maestro hacia sus problemas.

f. *Interés espiritual.* Los maestros con experiencia saben que algunos alumnos captan la verdad espiritual fácilmente mientras que otros parecen indiferentes y pasivos. Hay muchos factores que determinan esta diferencia. Una razón bastante frecuente es que algunos padres obligan a sus hijos a asistir a la Escuela Dominical, y estos a menudo se resisten como un gesto de rebeldía hacia sus padres. La falta de interés espiritual puede causar problemas al maestro y a la clase. El maestro debe tener la ayuda del Espíritu Santo para encontrar la llave que pueda abrir las puertas más cerradas.

g. *Limitaciones físicas.* Dificultades para leer, jaquecas frecuentes, y otras desventajas pueden afectar tremendamente el aprendizaje. Debe tenerse un cuidado especial para alcanzar a cada alumno en su nivel personal y hacerlo sentirse cómodo y aceptado.

Hacer observaciones y llevar registros proporciona al maestro un recurso para conocer bien a sus alumnos. Eso abrirá la puerta a las relaciones que facilitan el aprendizaje.

Comprendiendo las similitudes y necesidades típicas

Debe conocerse individualmente a los alumnos, pero es igualmente importante comprender los rasgos propios de su edad. Nunca podremos enseñar adecuadamente a las personas hasta que reconozcamos que están en medio de un proceso de desarrollo. Por ejemplo, enseñar de manera eficaz a los adolescentes es imposible hasta que el maestro realmente entienda cómo son los adolescentes en la actualidad.

Un maestro debe estudiar atentamente las características y necesidades propias del nivel de edad al cual enseña.

La siguiente información resume brevemente las características propias de cada etapa de crecimiento y desarrollo humano, y sugiere algunas de las consecuencias en la enseñanza. Estudie detenidamente estas listas prestando especial atención a la edad a la cual enseña.

PARVULOS
(2 y 3 años de edad)

Características	Implicaciones
FISICAS	
Crecimiento rápido; activos; se cansan rápidamente; los sentidos del gusto y del tacto necesitan especialmente de la estimulación.	Necesitan variedad, libertad para pasar de una actividad a otra en la clase; déles cosas que puedan palpar y manipular.
MENTALES	
Aprenden rápidamente de lo que tienen alrededor; aprenden con los cinco sentidos; tienen una imaginación vívida; tienen un vocabulario limitado que aumenta rápidamente; su atención es breve.	Permítales mirar, palpar, oler y tomarse el tiempo que necesiten; use historias en las que puedan "entrar", figuras y objetos que puedan manejar y "completar"; use recursos variados y breves.

ESPIRITUALES

Ven a Dios como un ser real y vivo; están dispuestos a orar; pueden amar abiertamente a Dios; son imitadores; pueden considerar a Jesús como un amigo especial; la Biblia puede resultarles atractiva.

Enséñelos a orar, cantar, adorar; estimúlelos a expresar amor; repita con frecuencia versículos bíblicos fáciles de captar.

EMOCIONALES

Son dependientes; tímidos, tienen temores imaginarios; son sensibles al ambiente; necesitan seguridad y atención; se sienten molestos y confusos cuando están cansados; toman las cosas literalmente; están llenos de asombro y admiración.

Atención individual, voz tranquila; demuestre calma, evite ruido y confusión; hágales sentirse como en su casa; cuando sea posible incluya un profesor varón; varíe las actividades para incluir las que desarrollan sus músculos y otras actividades tranquilas; evite símbolos en las canciones e historias; guíelos al descubrimiento de Dios.

PRINCIPIANTES
(4 y 5 años de edad)

Características

Implicaciones

FISICAS

Crecimiento rápido; desarrollo muscular, pero sin coordinación fina; hábiles en ciertos juegos; agresivos, juguetones; se cansan fácilmente.

Ofrecer período de actividades durante la sesión; asignar algunas responsabilidades; haga variar las sesiones de clase.

MENTALES

Curiosos; espectro de atención breve; imaginación vívida; vocabulario limitado; literales; mucha fantasía.

Conteste y aproveche sus preguntas; use la imaginación, como en el juego de imitar personajes; sea claro, use palabras que conozcan; razone con ellos; use historias y ayudas visuales.

SOCIALES

Centrados en sí mismos; amistosos, imitativos; desean aprobación.

Enséñelos a compartir; haga amistad; déles un buen ejemplo; muéstreles amor.

EMOCIONALES

Temor, entusiasmo.

Enseñe el amor de Dios; guíe la expresión del alumno.

ESPIRITUALES

Piensan en Dios en un sentido personal (como un padre); confían en Dios y lo aman; distinguen entre el bien y el mal; pueden experimentar verdadera adoración; tienen fe.

Enséñelos a relacionarse con Dios en oración; a saber que Dios aprueba lo bueno; proporcione un tiempo de adoración; enseñe la presencia de Jesús.

PRIMARIOS
(6-8 años de edad)

Características

Implicaciones

FISICAS

Activos; crecimiento irregular; dejan la infancia; quieren "hacer".

Proporcione mucha actividad; brinde oportunidades de autoexpresión.

MENTALES

Atención breve; mentalidad literal, pensamiento concreto; imaginativos, razonamiento crédulo; interesados en las necesidades físicas; observadores.

Varíe los procedimientos; sea claro y preciso; aunque son imaginativos, distinguen entre lo real y lo irreal; razone con ellos. Use ayudas visuales.

EMOCIONALES

Alegres; entusiastas; impacientes; simpáticos; necesitan seguridad.

Disfrute de la clase; el maestro debe ser tranquilo; enseñe la confianza en Dios; esti-

SOCIALES

Amistosos con los de su edad y con los del sexo opuesto; egoístas; les gusta ayudar; necesitan autoexpresarse; prefieren la actividad individual.

ESPIRITUALES

Tienen fe espontánea y creen en la oración; responden a lo espiritual; generalmente les gusta la Escuela Dominical; hacen discriminación; perciben a Dios como a un ser amante, santo y fuerte.

mule el interés por las necesidades de los demás.

Agrúpelos; enséñeles a compartir; proporcióneles tareas (cosas que sean de ayuda); guíe la autoexpresión.

Tenga un tiempo de adoración y de oración; estimúlelos a responder a Cristo; estimule a experimentar el amor hacia el Señor y su ayuda.

INTERMEDIOS
(9-11 años de edad)

Características

Implicaciones

FISICAS

Enérgicos y activos; saludables, de crecimiento físico lento excepto los músculos en crecimiento; andariegos; resistentes.

Proporcione cosas que hacer, actividades al aire libre y excursiones.

MENTALES

Capacidad de concentración y de razonamiento; inquisitivos, deseosos de saber; buena memoria; interés por coleccionar; aman los relatos; investigadores.

Razone con ellos; estimúlelos a "pensar"; es el momento de memorizar el orden de los libros de la Biblia y muchos versículos bíblicos; sugiera y canalice sus intereses.

SOCIALES

Sentido de grupo, de pandilla, de club; egoístas e impa-

Estimule el sentimiento de "clase" y el hacer cosas cocientes; conciencia de juego limpio; adoración por los héroes; menos tímidos; disfrutan de la competencia.

mo clase; haga ver lo que son las acciones y relaciones discriminatorias; dé un buen ejemplo.

ESPIRITUALES

Listos para la salvación; fe sencilla; hábitos de oración y lectura bíblica; se fijan a sí mismos normas elevadas; pueden crecer espiritualmente; se interesan por las necesidades espirituales de otros; pueden percibir a Dios como Gran Juez.

Guíelos a Cristo; enséñelos a confiar en Dios; fije metas de estudio de la Biblia; enséñelos a evaluar; estimúlelos a fijar metas espiritualmente; haga hincapié en las misiones.

EMOCIONALES

Tiene pocos temores, pero les gusta experimentar temor indirectamente; se enojan fácilmente; tienen sentimientos ambivalentes; se oponen a las manifestaciones afectivas; rara vez sienten celos; tienden a sentir odio fuerte; disfrutan del buen humor (todo les parece gracioso).

Use historias de héroes; sea un guía, no un dictador; hágales sentir que son aceptados sin colocarles el brazo sobre el hombro; enséñelos a evaluar y apreciar las capacidades de otros; ayúdelos a aprender a controlar los sentimientos; ríase con ellos cuando sea apropiado.

PREADOLESCENTES
(12-14 años de edad)

Características

Implicaciones

FISICAS

Cambios y crecimiento (más rápido en las niñas); problemas de acné juvenil; cambios de voz; conciencia sexual; cierta torpeza.

Actividad física como parte del currículo total. Autocomprensión por medio de las lecciones; perspectiva cristiana de los hechos sagrados de la vida.

MENTALES

La capacidad para razonar y cuestionar se incrementa; hacen elecciones; la memoria mejora; la imaginación se hace más vívida (fantasías diurnas); son tímidos; hacen juicios apresurados; están ansiosos de recibir respuestas, aunque pueden mostrarse indiferentes.

Conversaciones en clase y énfasis en la reflexión cuidadosa; los valores deben ser vistos y aceptados; pase de la mera memoria a la retención de conceptos; comience a fijarles metas.

EMOCIONALES

Inestables, malhumorados, cambiantes; solitarios; deseosos de libertad; son incomprendidos; rebeldes; francos.

Lo que más se necesita del maestro es comprensión y firmeza; necesitan aceptación y orientación discreta; actitud amistosa hacia todos.

SOCIALES

Es el punto culminante de la edad de la "pandilla"; desean la aprobación social; desarrollan fuerte camaradería; les encanta embromar.

Actividades sanas durante los días de semana; promueva actitudes correctas en las relaciones; use el trabajo "en equipo"; cooperación y actitudes serviciales.

ESPIRITUALES

Crece la capacidad de responder espiritualmente; es el momento crucial; preguntas sinceras; momento oportuno para la conversión.

Participación personal en la adoración; encontrar a Cristo como centro de control de la vida y como "la respuesta". Buscar formas prácticas de vida cristiana cotidiana; necesitan experimentar la plenitud del Espíritu Santo.

ADOLESCENTES
(15-17 años de edad)

Características	Implicaciones

FISICAS

Cambios propios de la adolescencia; superan su torpeza; maduración; oscila entre dos extremos: de ser incansables a dormir todo el día; activos.

Principios cristianos en la autocomprensión, en el desarrollo personal y en la relación con los demás; necesidad de Cristo como ayudador para alcanzar victoria cada día.

MENTALES

Activos y llenos de interrogantes; razonadores; discuten; debaten; retienen conceptos; creativos; idealistas; independientes; a menudo dudan; quieren comprobar.

Enseñanza reflexiva, creativa; oportunidad para la discusión; oportunidades para expresarse y "hacer"; ocasión para considerar todos los aspectos de cada asunto; responsabilidad creciente.

EMOCIONALES

Románticos; cambiantes; inestables emocionalmente.

Necesitan oportunidad de actividades durante la semana; necesitan comprensión.

SOCIALES

Atracción hacia el sexo opuesto; problemas con las salidas: normas; quieren ayuda; rechazan la "prédica"; rebeldes hacia la autoridad; imitativos, a veces sectarios.

Oportunidades para asociaciones de carácter sano; principios bíblicos; un maestro que sea amigo y en quien pueda confiarse; oportunidades amplias para pensar y decidir.

ESPIRITUALES

Cuestionamiento y dudas; la fe puesta a prueba en la edu-

Necesidad de ver un cristianismo personal que funcio-

cación; anhelo de seguridad; capaces de vida cristiana apasionada y fuerte crecimiento en el testimonio cristiano.

na; necesidad de descubrir que la Palabra es verdad y que Cristo es real; necesitan oportunidades para la actividad evangelística.

ADULTOS JOVENES
(18-24)

Características

Implicaciones

FISICAS

Va alcanzando la adultez; energía incrementada; se alcanzan logros.

Actividad; oportunidades para servir.

MENTALES

Capacidad de razonamiento plenamente desarrollada; época de grandes decisiones y compromisos; independencia mental; mucho aprendizaje; creativo.

Responsabilidad de adulto; disfruta y se beneficia de los debates; principios para tomar decisiones; desafío de encontrar el plan de Dios para su vida; amplitud y profundidad en el estudio bíblico.

EMOCIONALES

Se aproxima a la madurez y a una mayor estabilidad; se despierta su sentido de valoración, menos temeroso y preocupado; interesado en el sexo, el amor y el matrimonio.

Mucha responsabilidad; instrucción en relaciones familiares y conyugales.

SOCIALES

Amplían y profundizan sus relaciones; búsqueda de compañeros de por vida; algunos están casados; paternidad; responsabilidad.

Variadas oportunidades de vincularse; reuniones y establecimiento de amistades, etc.; clases para parejas jóvenes; conocimientos y responsabilidades de la paternidad.

ESPIRITUALES

Posibilidad de máximo crecimiento; establecimiento de esquemas de vida; tiempo de prueba.

Estimule la toma de decisiones a partir de principios cristianos y dirigidas al logro de objetivos espirituales; se necesita fe firme y familiarización con la Palabra; necesita afirmar una perspectiva cristiana sobre el mundo y la vida.

ADULTOS
(25 años en adelante)

Características

En todos los aspectos la adultez es el período de la madurez, el tiempo de la vida plena y floreciente, el tiempo de mayor productividad, el tiempo de la cúspide y el descenso del vigor físico; pueden continuar aprendiendo; período de la más aguda percepción; la responsabilidad exige seriedad; las amistades son estables; ambición fuerte y fuerza de voluntad.

Implicaciones

Puede contarse con la plena responsabilidad de los estudiantes (en cuanto a sus metas de aprendizaje y actividades); necesitan enseñanza bíblica fuerte y pertinente; indagación de las Escrituras para encontrar principios orientadores para la vida y valores y prioridades que determinar; necesitan oportunidades para el servicio cristiano responsable y significativo.

Recuerde que estos esquemas son generalizaciones amplias (especialmente en la categoría "adultos", la cual cubre el resto de la vida de una persona). No dé por sentado que todos los alumnos reaccionan de la misma manera o a la misma vez. Esa sería una simplificación extrema. Use estas listas como guía de su enseñanza, pero ponga el énfasis en el individuo.

---

[1] Le Bar, Lois. *Education That is Christian*. Westwood, New Jersey: Revell, 1958, p. 135.

[2] Held, Ronald G. *Learning Together*. Springfield, Missouri: Gospel Publishing House, 1976, p. 24.

CAPITULO SIETE

FACTORES DEL PROCESO DE APRENDIZAJE

Henrietta Mears escribió: "El maestro no ha enseñado en tanto que el alumno no haya aprendido."

Si eso es cierto, entonces debemos entender qué es el aprendizaje. ¿Qué factores influyen en el proceso de aprendizaje? ¿Cómo hace el maestro para estimular el aprendizaje? Deben contestarse estas y otras preguntas para que el maestro sepa si ha tenido éxito en la enseñanza.

No es fácil motivar a los alumnos para que aprendan. El problema comienza al definir al *maestro*. Algunos piensan que un maestro es alguien que trasmite conocimiento. Otros piensan que un maestro es un monitor. En realidad, un maestro es alguien que estimula el deseo de aprender y guía el proceso de aprendizaje. Un maestro también es alguien que aprende. Es él quien da inicio al ciclo de aprendizaje.

Consideremos qué es el aprendizaje y cómo ocurre. En primer lugar, debemos reconocer que aprender, lo mismo que enseñar, es un proceso complejo. Enseñar implica al maestro y a la asignatura. Aprender implica al alumno y a la asignatura. La meta es enseñar algo de tal manera que el estudiante lo pueda apropiar para sí. Numerosos factores afectan el proceso de aprendizaje: rasgos físicos, la constitución psíquica, la capacidad congénita, el trasfondo, el medio, la edad, las necesidades, los deseos, los niveles de interés, los conceptos y, por supuesto, el contenido a aprender. Estas cosas, y otras, complican considerablemente el aprendizaje.

A pesar de que el aprendizzje es un proceso complejo, puede ser definido con simplicidad. En esencia, aprendizaje significa cambio. Siempre que una persona aprende algo, en alguna medida cambia. Recordará usted que al analizar la enseñanza dijimos que los objetivos se expresan en términos de sentir, saber, hacer. Cuando un alumno adquiere nuevos conocimientos, aumenta la información almacenada en su cerebro. Cambia. Cuando un alumno cambia su manera de pensar o de sentir respecto a algún asunto, ha habido adaptación en su vida. Cuando un alumno comienza a comportarse de manera diferente, ha cambiado. En términos psicológicos, un cambio en lo que el estudiante conoce es un aprendizaje cognoscitivo. Un cambio en lo que el estudiante siente es aprendizaje afectivo y un cambio en la manera que se comporta un alumno es un aprendizaje psicomotor. Aprender significa que ha ocurrido un cambio en alguno de esos aspectos.

Definir el aprendizaje simplemente como la adquisición de conocimiento es una exagerada simplificación que debe evitarse. El maestro de Escuela Dominical entiende y acepta una definición amplia de aprendizaje, que abarca el conocimiento, los sentimientos y el comportamiento. En la educación cristiana estamos interesados no sólo en trasmitir información (conocimiento) sino también en modificar actitudes (sentimientos) y conducta (acción).

De los factores que afectan el aprendizaje, hay tres de especial significación. Los dos primeros son debatidos con frecuencia, especialmente entre humanistas que se adhieren al evolucionismo. El tercero reconoce el carácter espiritual exclusivo del hombre.

1. *Naturaleza original* (herencia). La herencia alude a las capacidades, potencialidades, posibilidades, tendencias, deseos e impulsos innatos con los cuales nace cada ser humano. Estos elementos no están ya pulidos al nacer, sino que tienden a desarrollarse a medida que la persona crece y madura. Naturaleza original, entonces, es aquello que se es antes de que el medio ejerza influencia sobre uno.

2. *Medio.* Todos los factores externos que influyen en el desarrollo, una vez iniciada la vida, constituyen el medio. Todo aquello con lo cual la persona toma contacto y reacciona es parte del medio, independientemente de donde ocurra. La influencia ambiental puede ser física, psíquica, social o espiritual.

Cuando se consideran estos dos factores en forma conjunta, podemos decir que la herencia proporciona la capacidad y la tendencia natural, mientras que el medio ofrece las oportunidades para que las capacidades y tendencias se desarrollen. El medio tiene un gran efecto sobre las tendencias naturales. Por ello, el maestro debe asignar especial importancia al medio. ¿Por qué? El maestro no sólo puede, hasta cierto punto, manipular el ambiente físico para facilitar el aprendizaje, sino que él mismo forma parte de las influencias ambientales. En tanto motiva a los alumnos y guía el aprendizaje, funciona como una influencia ambiental positiva sobre el aprendizaje.

3. *Objetivos.* Un rasgo del hombre que lo distingue del resto de la creación es su voluntad inteligente. Tiene el poder de elegir, orientado por el razonamiento inteligente. Su desarrollo tiene un sentido. Puede elegir abrirse paso hacia metas.

De manera que, a diferencia de los miembros del reino animal, el hombre no es meramente una víctima de un ambiente. Y su desarrollo tampoco es el mero resultado de una mezcla de herencia y medio. Puede elegir controlar su ambiente y dirigir su propio proceso de aprendizaje.

El maestro de Escuela Dominical generalmente apela a esta voluntad inteligente cuando procura guiar el aprendizaje. La voluntad y la libertad de elección dan al hombre la posibilidad de conocer a Jesucristo y servirle.

La tarea del maestro es motivar al alumno a ejercer su voluntad y su libre elección para aprender. Para motivar a los alumnos, el maestro de Escuela Dominical puede utilizar estos principios clave:

1. La curiosidad, el interés y la atención incrementan el aprendizaje. Cuando el alumno se identifica con una persona, una actividad, un objeto o una idea, su aprendizaje se intensifica. El *interés* puede ser innato o adquirido. La curiosidad es el deseo de saber más. La *atención* implica enfocar la concentración mental en un tema de interés. Cuando un estudiante tiene que obligarse a sí mismo a prestar atención, ésta es voluntaria. Cuando enfoca la atención de manera espontánea, es involuntaria, natural.

El desafío que enfrenta el maestro es el de identificar las esferas de interés de los alumnos, y estimular tales intereses para que la atención de ellos se despierte naturalmente. El maestro deberá enseñar desde la posición ventajosa de la mente inquisitiva del alumno.

2. Parece haber ciertos momentos en las etapas de crecimiento en los cuales el alumno está listo para aprender. Esto está relacionado con el esquema mental del alumno. La disposición para el aprendizaje puede deberse a la maduración (relacionada con la edad mental) o puede ser psicológica (relacionada con el estado de ánimo o la actitud). La disposición de aprender puede darse cuando la capacidad de hacerlo alcanza cierto nivel o cuando el deseo por aprender algo alcanza su punto más alto. Cuando el maestro trata de enseñar algo para lo cual el alumno no está preparado, el esfuerzo será infructuoso. Cuando el alumno está listo para aprender, el maestro sólo tiene que guiarlo.

3. El alumno aprende mejor haciendo. Cuando los alumnos participan en su propio aprendizaje, aprenderán más cosas y también alcanzarán mejor comprensión de las cosas. El mejor aprendizaje es el que surge de la actividad y del ejercicio propios, sean éstos físicos, mentales o emocionales. Elbert Hubbard escribió: "La educación es una conquista, no una herencia; no se puede recibir como regalo, hay que adquirirla." El talento que hay tras la buena enseñanza reside en la capacidad del maestro en lograr que los estudiantes participen en su propia instrucción.

Si un maestro se dirige a una clase y da una conferencia durante treinta minutos, puede que haya habido enseñanza, pero rara vez habrá habido aprendizaje. Para que haya aprendizaje, el estudiante deberá participar activamente en el proceso. El único aprendizaje que produce cambios en los sentimientos y en el comportamiento es aquel que el alumno ha realizado por sí mismo. Para entender mejor esta idea, tome en cuenta las siguientes afirmaciones:

Los alumnos aprenden hasta 10% de lo que oyen.
Los alumnos aprenden hasta 30% de lo que ven.
Los alumnos aprenden hasta 50% de lo que ven y oyen.
Los alumnos aprenden hasta 70% de lo que ven, oyen y dicen.
Los alumnos aprenden hasta 90% de lo que ven, oyen, dicen y
   hacen.

La regla práctica es esta: cuantos más sentidos tengan participación, tanto mayor y mejor será el aprendizaje. Si un maestro no hace otra cosa que conferenciar, está ocupando un solo sentido de los alumnos. Más aun, escuchar es una actividad pasiva, lo cual significa que los alumnos oyen lo que quieren oír y desatienden el resto. El maestro no puede pretender que el alumno aprenda más del 10% del tema. En cambio, si el maestro planifica un ejercicio colectivo que requiera que el estudiante lea, comparta, escuche, y luego *realice* una actividad planeada, puede esperarse que aprenda alrededor del 90% del contenido.

De modo que debemos permitir que los alumnos participen. El alumno — no el maestro — es el centro del proceso de aprendizaje.

4. El aprendizaje aumenta cuando los estudiantes tienen sensaciones satisfactorias respecto de lo que están haciendo. Es importante que los maestros de Escuela Dominical capten este principio, porque puede ser uno de los móviles más fuertes del aprendizaje. El aprendizaje se produce más espontáneamente cuando va acompañado de gratificación que cuando está acompañado de insatisfacción (por ejemplo, malestar o desagrado). En efecto, aprender bajo estas circunstancias es algo que se tiende a resistir o rechazar. Si un estudiante disfruta de lo que está aprendiendo, estará fuertemente motivado para continuar haciéndolo. ¿Cómo pueden los maestros de Escuela Dominical hacer que se disfrute del aprendizaje? Responder a esa pregunta puede producir una diferencia radical en la clase. (Entre otras cosas, puede resolver muchos problemas de disciplina.) El maestro puede comenzar a generar sentimientos de satisfacción en los alumnos planeando varias actividades para cada sesión. A los alumnos les gusta la actividad y responden bien a ella. Los maestros deben permitir que sus alumnos decidan entre distintas posibilidades en la clase. Pueden decidir — entre otras cosas — cómo organizar su clase, cómo decorar su aula, a qué proyecto darle respaldo, qué clase de actividades llevar a cabo fuera de la clase. Permitir a los alumnos que tomen decisiones demuestra que estimamos sus capacidades.

El maestro debe prestar atención a la habitación en la que se reúne la clase. Piezas sin ventilación o con poca luz, por ejemplo, influirán desfavorablemente sobre los alumnos.

Los alumnos también disfrutan de la clase cuando tienen un maestro que trasmite cordialidad, amor, interés. El entusiasmo es contagioso. Si al maestro le gusta lo que hace, hay mucha posibilidad de que los alumnos también lo disfruten. El maestro debe recordar que él es parte del ambiente del alumno.

5. La memorización es esencial para el aprendizaje, porque el aprendizaje se construye sobre la base de lo que uno ya sabe. La capacidad de retener y de recordar aprendizajes previos es un requisito para nuevos aprendizajes. La retención se puede incrementar recordando y aplicando lo siguiente:

a. Las impresiones vívidas ayudan a la memoria. La atención, la imaginación y la concentración se mantienen activas cuando las imágenes son vívidas. El maestro debe usar figuras, relatar historias y usar ilustraciones que pinten escenas mentales. Los recursos de enseñanza visualizada también refuerzan las impresiones.

b. El estudiante tiende a recordar más fácilmente si lo que aprende puede ser asociado de alguna manera con algo que ya sabe. El contraste y la comprensión de lo conocido (por ejemplo, lo que le es familiar) con lo desconocido (por ejemplo, un contenido nuevo) son de ayuda para establecer esa asociación.

c. La información significativa se retiene mejor que la información que carece de importancia. A nadie le gusta lo rutinario. La gente responde rápidamente a lo que es relevante a su vida. El maestro debe ayudar al alumno a entender la importancia del contenido haciendo una presentación clara, haciendo preguntas, repitiendo, usando ilustraciones y ejemplos. El cuidado que se toma en la presentación de la asignatura trasmite la importancia de la materia.

d. La repetición ayuda a la memorización. Repetir algo de varias maneras asegura la comprensión. Cuando use la repetición, haga que sea significativa. Resista la tentación de hacer una repetición mecánica y pasiva. Use la revisión y la repetición, el resumen y el repaso y otros métodos de enseñanza-aprendizaje que exigen recordar y permiten mostrar que se ha comprendido.

Motivación y aprendizaje

Ya que hemos enfocado algunos aspectos del aprendizaje, consideremos cómo se relaciona la motivación con ese proceso.

Motivación es un estado interior que hace que alguien haga algo o actúe de determinada manera. La motivación, que puede estar basada en la necesidad, en el deseo, en el anhelo, en el instinto, en las ideas o en la emoción, dirige la conducta humana hacia metas. La motivación es causa del aprendizaje cuando este último se transforma en meta.

Debe haber una adecuada motivación para que el aprendizaje sea eficaz. Los alumnos a menudo exclaman: "¿Por qué tenemos que estudiar esto?" Esa es una pregunta motivadora, y hasta que no se conteste, el "qué" y el "cómo" del aprendizaje no tendrán mucha importancia.

Hay dos clases de motivación que estimulan el aprendizaje: la intrínseca y la extrínseca. La motivación intrínseca se refiere a lo que es interno. Es el caso de aprender por el deseo de suplir una necesidad, o de satisfacer un interés o de afirmar un valor personal. La motivación intrínseca generalmente tiene efectos duraderos y opera mejor en los que ya están lo suficientemente maduros como para tener intereses y valores elevados. Cuando Jesús dijo: "Si me amáis, guardad mis mandamientos", estaban apelando a la motivación intrínseca (amor hacia El).

Sin embargo, a veces se precisa algo más para lograr el aprendizaje; el estudiante necesita motivación desde fuera de sí mismo para que la materia pueda ser aprendida. El maestro puede usar una motivación extrínseca (una motivación externa al proceso mismo de aprendizaje). Por ejemplo, colocar una estrella en la tarjeta de un niño que memoriza las Escrituras es una motivación extrínseca. No tiene relación alguna con el versículo mismo de las Escrituras. Como se puede observar, especialmente entre los niños, con la motivación extrínseca se corre el riesgo de que se promueva la competencia y los valores mal orientados. Jesús aludió a este riesgo cuando se refirió a los que buscan satisfacer necesidades materiales por medio del reino (véase Mateo 6:28-34). Observe con cuidado la prioridad: el reino *primero*, luego "todas estas cosas serán añadidas".

Es tarea del maestro motivar al alumno a aprender. Al hacerlo, probablemente usará tanto la motivación intrínseca como la extrínseca. Sin embargo, los ideales, las metas y las relaciones son intrínsecamente motivadores, y el maestro debe ayudar al alumno a desarrollarlos. A menudo, ayudar al alumno a aprender, en la esfera de las motivaciones y las actitudes, es más importante que ayudarlo a dominar el contenido.

Como repaso, consideremos cinco afirmaciones que vinculan a los buenos principios del aprendizaje con la verdad acerca de la motivación:

1. *Los alumnos se sienten motivados para aprender cuando disfrutan lo que están haciendo.* Esto combina el principio de la satisfacción en el aprendizaje con la motivación intrínseca. También debe inspirar al maestro a planificar actividades entusiastas y significativas.

2. *Los alumnos se sienten motivados a aprender cuando se les permite tomar decisiones.* Esto combina la curiosidad, el interés y la atención, con la motivación intrínseca.

3. *Los alumnos se sienten motivados a aprender cuando tienen un sentido de logro.* Esto combina el principio de participación en el aprendizaje con la motivación intrínseca y extrínseca. El sentido de logro puede ser producido al recibir una felicitación, una estrella en una tarjeta u otros recursos motivadores extrínsecos.

4. *Los alumnos se sienten motivados a aprender cuando se sienten aceptados por el maestro.* esta es motivación intrínseca basada en la influencia del maestro como un factor ambiental en el aprendizaje.

5. *Los alumnos se sienten motivados a aprender cuando el maestro está entusiasmado y cree que lo que hace es importante.* Esto es motivación intrínseca combinada con el principio de la curiosidad, el interés, la atención y el ejemplo del entusiasmo por aprender que les brinda el maestro.

CAPITULO OCHO

PLANEAMIENTO DE LA LECCION: TEMAS Y OBJETIVOS

Para algunas personas, el planeamiento no es interesante. Piensan que no es muy espiritual y que denota falta de confianza en Dios. O bien consideran el planeamiento como un proceso difícil, laborioso que no quieren llevar a cabo. Lo que tales personas no entienden es que el planeamiento no puede evitarse. Lo adviertan o no, el planeamiento gobierna casi todo lo que sucede. Como alguien dijo: "Fallar en la planificación es planificar para fallar."

El planeamiento es indispensable para una enseñanza eficaz. Aunque a veces pueda ser difícil, es ciertamente una tarea espiritual. No ponemos nuestra confianza en los planes, pero sí reconocemos que planificar nos ayudará a lograr lo que Dios desea que se realice. El planeamiento es inútil sin una visión espiritual, pero la visión espiritual sin planes para alcanzarla es como soñar despiertos. A lo largo de la Biblia, los sucesos descansaban en una planificación cabal y detallada. Observe el despliegue de planificación que requirió sacar a los hijos de Israel de Egipto. Considere la tremenda planificación que fue necesaria para construir el templo. En el Nuevo Testamento Jesús tenía planes muy definidos en cuanto a sus viajes y la formación de sus discípulos. Y piense en esto: nuestra salvación misma fue planeada antes de la creación y todavía está siendo llevada a cabo (Apocalipsis 13:8).

Los que no reconocen el planeamiento como un proceso espiritual, han pasado por alto la evidencia que la Biblia presenta a favor de ella. Si deseamos servir bien en el ministerio de la enseñanza, debemos planificar cuidadosamente.

Este capítulo y el próximo tratarán el planeamiento y la preparación de la lección, el currículo, y los criterios para seleccionar los métodos de aprendizaje.

El planeamiento es esencial para los maestros de Escuela Dominical. La mayor parte de los maestros son voluntarios que con frecuencia tienen escasa instrucción educativa formal. Además, generalmente trabajan y tienen otras responsabilidades familiares que restringen seriamente su tiempo de preparación para la enseñanza. Sin embargo, la enseñanza es un ministerio muy importante. ¿Cómo reconciliamos la tensión entre la escasez de tiempo para prepararnos y la necesidad de dar lo mejor de nosotros a la enseñanza? La única respuesta está en planificar sabia y cuidadosamente. El planeamiento eficaz lo ayudará a lograr lo siguiente:

1. *El planeamiento ayuda a usar el tiempo de manera eficaz tanto en la preparación como en la clase.*

2. *El planeamiento proporciona unidad y continuidad en la enseñanza.* Al planear, intencionalmente relacionamos nuestras lecciones con las lecciones previas y con las futuras. No divagamos ni perdemos tiempo ocupándonos de asuntos secundarios o que no vengan al caso.

3. *El planeamiento ayuda al maestro a disciplinarse.* Todos los maestros enfrentan la tentación de hacer atajos o divagar. La consecuencia es una enseñanza superficial que tiene un enfoque estrecho o de poca profundidad. El planeamiento obliga al maestro a estudiar e investigar.

4. *El planeamiento hace que la presentación formal sea más interesante.* Cuando un maestro planifica anticipadamente, tiene tiempo para conseguir los recursos, elegir métodos creativos, y encontrar historias interesantes (elementos que marcan la diferencia entre una lección aburrida y una emocionante experiencia de aprendizaje).

5. *El planeamiento establece objetivos claros y los medios para alcanzarlos.* Sin planes, tenemos poca idea de qué es exactamente lo que estamos tratando de enseñar. Generalizamos, o intentamos trasmitir ideas que son demasiado abstractas. Al planificar los objetivos el maestro se obliga a identificar lo que está tratando de enseñar, lo que espera que sus estudiantes sepan, sientan o hagan, y cómo va a evaluar su esfuerzo.

6. *El planeamiento consolida la confianza del maestro.* Seguir un buen plan hace a la clase más interesante y productiva. Los estudiantes estarán más contentos y atentos. El maestro empezará a cosechar el fruto de su labor. El resultado será una sensación de bienestar por haber tenido éxito.

7. *El planeamiento ayuda al maestro a enseñar fielmente la Palabra de Dios en la medida de su capacidad.* Se pondrá a estudiar la Biblia con mayor profundidad. Esto no sólo enriquecerá su vida, sino que le proporcionará una gran fuente de conocimientos que podrá utilizar mientras enseña.

8. *El planeamiento es necesario si queremos responder a nuestro llamamiento con integridad.* Consideremos la historia de los siervos sabios y necios en Mateo 25:14-30. Cada uno de los tres siervos recibió talentos de parte de su amo. Se les indicó usar los talentos para beneficio del reino de su señor. Mientras el señor estaba ausente dos de los siervos multiplicaron sus talentos. El tercero, en cambio, simplemente cavó un pozo y escondió el suyo en la tierra. Cuando el amo volvió y pidió a sus siervos que rindieran cuentas, los dos que habían usado provechosamente los talentos fueron premiados. El tercero, que no usó el suyo, fue severamente juzgado.

A ese siervo le llegó el juicio por perezoso e irresponsable. No había quebrantado ninguna ley moral o religiosa. No había hecho ninguna de las cosas que normalmente consideramos delictivas. ¡Lo único que hizo fue no hacer nada! Esa parábola debe servir de advertencia a todos los que han recibido dones del Señor para que los usen bien para extender el reino de Dios. No hacer lo mejor de nuestra parte con los talentos que El nos ha dado puede resultar desastroso.

¿Qué es el plan de una lección?

El plan de una lección es un método paso a paso para organizar la sesión de enseñanza. Enumere todos los elementos importantes de la lección. Cada plan de lección será único, pero todas seguirán un estilo similar. Aunque hay varios tipos de planes disponibles, le presentamos el que sigue como ejemplo.

Usted puede usar este plan, alguno que haya encontrado en otro manual de enseñanza, o uno que usted haya desarrollado.

Elija uno que sea fácil de usar, pero asegúrese de que contenga todos los elementos necesarios. Fíjese que contenga:

Tema de la lección (Idea principal) Fecha:		
Texto bíblico:		
Objetivos		
Cognoscitivos		
Afectivos		
De comportamiento		
Fase de la lección / Tiempo	Métodos	Recursos
Principio de la lección		
Contenido bíblico		
Aplicación personal		
Evaluación		

1. Un lugar dónde escribir la idea principal o el tema de la lección.

2. Un lugar donde enumerar los objetivos. Sería práctico tener donde escribir los objetivos cognoscitivos, afectivos y de comportamiento.

3. Un lugar donde nombrar y describir los métodos de aprendizaje que se usarán.

4. Un lugar donde anotar los recursos y ayudas que se necesitarán.

5. Un lugar donde proyectar el tiempo que se asignará a cada fase de la presentación.

6. Un título a cada una de las divisiones de la lección.

7. Un lugar donde escribir la evaluación de la lección.

Una vez que se ha elegido el estilo del plan de la lección comienza el trabajo del maestro.

Técnicas eficaces de planeamiento

El planeamiento eficaz de la lección puede dividirse en dos categorías: general y específica. La preparación general equivale a la totalidad del trasfondo del maestro, del cual extrae este al preparar la lección. Incluye todas las experiencias de su vida, su conocimiento creciente de la Biblia y de la doctrina, una conciencia creciente de las necesidades de los estudiantes y una pericia creciente en los métodos de enseñanza.

La preparación específica significa el planeamiento cuidadoso y detallado de la presentación. Esta es la parte más importante y compleja del planeamiento de la lección. Requiere la atención del maestro en varios aspectos. En primer lugar, el maestro se debe estar preparando espiritualmente. La enseñanza en la Escuela Dominical es diferente a la enseñanza secular; requiere una preparación especial. Los maestros deben mantener una relación viva y progresiva con Cristo. Deben estar leyendo y estudiando la Palabra de Dios a fin de ser el ejemplo viviente de lo que enseñan.

En segundo lugar, los maestros se deben preparar intelectualmente. El cerebro tiene más capacidad de transferir y organizar conocimiento que la más compleja computadora en existencia. Dios espera que usemos nuestra mente para mejorar nuestro ministerio por medio de la lectura y el estudio. Los maestros extraen de libros y revistas recursos de incalculable valor. Se pueden encontrar ejemplos de la vida en los periódicos. Al menos una vez al año los maestros deben leer un libro relacionado con la enseñanza, preferentemente algo relacionado con los métodos de aprendizaje, las características de las distintas edades, el crecimiento de la Escuela Dominical, la evangelización en el aula, y otros temas similares. Los maestros deben aprovechar toda oportunidad de asistir a congresos de escuelas dominicales, a talleres o a reuniones de maestros. Además de ofrecer capacitación en educación cristiana, tales reuniones generalmente presentan a oradores especiales destacados por su dominio de la materia. Más aun, esas actividades pueden ser beneficiosas para mejorar el espíritu y el estado de ánimo del grupo.

Los buenos maestros, como los buenos predicadores, aprenden a adiestrar su mente para estar atentos a ilustraciones, anécdotas, historias, métodos especiales, e ideas creativas. Algunos encuentran práctico llevar un archivo de fichas pequeñas donde anotar estas cosas para su uso posterior.

La tercera faceta de preparación es el planeamiento práctica de futuras lecciones. Esto comienza cuando el maestro recibe el manual para el próximo trimestre. En primer término, debe hojear todo el material, observando las unidades y las lecciones. Luego debe examinar el contenido, leer los objetivos, y determinar qué pasajes bíblicos se usarán. Hacer esto le brinda al maestro un conocimiento operativo del material que se va a enseñar durante el trimestre. Lo alertará para la búsqueda de recursos con los cuales complementar las lecciones. Empezará a pensar acerca de cómo esas lecciones habrán de afectar la vida de sus alumnos.

El próximo paso es planear la lección correspondiente. Comience con oración. Pida sabiduría para hacer lo mejor de su parte. Con el programa a la vista, determine la idea central de la lección. Pudiera ser que este ya lo tenga anotado bajo el encabezamiento de *tema*. O puede estar incluido en el título de la lección. Lo importante es que el maestro entienda claramente lo que se va a enseñar.

Después que el maestro identifique la idea principal, hará lo que puede ser la parte más importante de la lección: anotar los objetivos. Como se analizó en el Capítulo 5, los objetivos se dividen en tres categorías: conocimiento, emociones, comportamiento. Debemos tener presente que estas tres clases de objetivos son inseparables. Operan de la siguiente manera: a medida que el alumno adquiere conocimiento e información (conocimiento), su actitud debiera cambiar (emociones). A medida que su conocimiento y sus actitudes cambian, su conducta debiera cambiar (comportamiento). En la educación cristiana, estos tres aspectos son esenciales. Nunca es suficiente con detenerse en el nivel cognoscitivo. Un objetivo central de la enseñanza cristiana debe ser el de ayudar a los alumnos a manifestar actitudes adecuadas (descritas como el fruto del Espíritu) y llegar a ser "hacedores de la Palabra" (Santiago 1:22). En términos generales, el maestro cristiano se esfuerza por informar a sus alumnos acerca de Dios, guiarlos a un encuentro con El, cerciorarse de que manifiesten actitudes cristianas y ayudarlos a vivir una vida fiel y obediente.

Esa es una meta ambiciosa. Nunca podrá ser alcanzada sin un plan. Los objetivos anotados para cada lección se transforman en los medios para alcanzar esa meta. Cada lección debe tener objetivos que hagan posible el progreso en cada uno de esos aspectos.

Los objetivos deben anotarse. Cuando el maestro trate de formular mentalmente los objetivos, resultarán demasiado generales, demasiado inciertos, demasiado vagos y pueden ser fácilmente modificados, quitándole la unidad a la lección.

Los objetivos proporcionan orden y dirección a la lección. Para alcanzar los objetivos, deben hacerse planes sobre lo que se hará en clase, sobre el tiempo que tomarán ciertas cosas, y cómo alcanzarlas. Los objetivos influyen en la selección de los medios. Como hemos mencionado antes, los objetivos son la base de la evaluación. Cuando se termina una lección, el maestro debe revisar los objetivos y determinar si se han alcanzado. Tenga presente que los objetivos referidos a las emociones y al comportamiento pueden llevar más de una lección para ser alcanzados. Sin embargo, debe ser posible medir el *progreso* hacia tales objetivos. Hacia el final del trimestre, el maestro debe poder hacer alguna apreciación acerca del cambio en este aspecto de la vida de sus alumnos.

¿Cómo deben redactarse los objetivos? En primer lugar, deben escribirse teniendo en mente las necesidades de los alumnos. Por ejemplo, si todos los alumnos de la clase son cristianos, no necesita redactar un objetivo tendiente a guiar un alumno a aceptar a Cristo. Los objetivos deben estar relacionados con los objetivos de la clase y el período escolar.

Esto ofrece continuidad y asegura el máximo impacto del programa. Un objetivo debe ser conciso, concreto, específico, y decir lo que el alumno debe ser capaz de saber, sentir o hacer como resultado de la lección. Escriba sus objetivos en términos de la conducta del alumno más que la conducta del maestro. Los objetivos deben ser alcanzables, es decir, factibles de lograr. No los exprese de manera tan general que nunca puedan ser medidos.

Observe los ejemplos de objetivos buenos y malos enumerados a continuación. Tome nota de las diferencias. Tenga en cuenta que redactar buenos objetivos requiere práctica. No se sienta desanimado si no son perfectos desde el comienzo. Continúe escribiéndolos.

Objetivos cognoscitivos:

Pobre. Los alumnos conocerán acerca de los discípulos. (Este objetivo es ambiguo: ¿qué quiere precisamente que sus alumnos conozcan acerca de los discípulos?)

Bueno: Los alumnos serán capaces de repetir los nombres de los discípulos. (Este es específico, concreto y mensurable. Por supuesto, este es sólo uno de los muchos objetivos de conocimiento acerca de los discípulos. Pero como hay tanto que aprender acerca de los discípulos, el maestro debe comenzar en alguna parte, seleccionando porciones "digeribles" para cada sesión).

Objetivos afectivos:

Pobre: Los estudiantes se sentirán mejor en cuanto a su testimonio. (Esto es demasiado vago y difícil de medir).

Bueno: Los alumnos compartirán cómo se sintieron al testificar a uno de sus amigos cercanos. (Esto hace específico el objetivo y requiere la expresión del sentimiento.)

Objetivos de comportamiento:

Pobre: Los alumnos se interesarán por las misiones. (Esto no está redactado en términos de algo que los estudiantes puedan hacer. Sería demasiado difícil de evaluar.)

Bueno: Los alumnos participarán en un proyecto para recoger fondos y para obtener dinero para el proyecto misionero de la iglesia. (Eso puede ser fácilmente mensurable y requiere que los alumnos hagan algo activo.)

CAPITULO NUEVE

PLANEAMIENTO DE LA LECCION: METODOS Y PROGRAMAS

Una anciana que vivía sola compró un perro para que le hiciera compañía. Después de comprar el perro no pasó mucho tiempo antes de que se sintiera tan ligada a él que comenzara a preocuparse por su salud. De modo que decidió darle una dosis de aceite de hígado de bacalao todas las tardes para mantenerlo sano. Aunque el perro luchaba y se resistía, la señora lo arrastraba hasta la cocina todas las tardes para darle la medicina. Un día el perro no aguantó más y se safó de sus manos. Desconcertada, dejó caer la cuchara llena de aceite de hígado de bacalao. El perro, ahora libre, vio el aceite en el piso, fue hasta allí, y lamió hasta la última gota.

Moraleja de la historia: No era el aceite de hígado de bacalao a lo que se oponía el perro. . . ¡Era al método!

Con frecuencia ocurre eso con la Escuela Dominical. El maestro se presenta en la clase, dicta la lección durante treinta minutos, el estudiante no responde y el maestro da por sentado que los alumnos no tienen interés en la Biblia o en las cosas espirituales. No es a la Biblia a lo que se oponen, es a la manera en que se la presenta.

Encuestas recientes indican que la gente manifiesta un renovado interés en asuntos espirituales. Quieren saber más acerca de la Biblia. Pero nadie quiere escuchar una conferencia durante treinta minutos. Por lo tanto, el maestro debe decidir qué métodos de aprendizaje ayudarán a los estudiantes a valorar el tema de la lección.

Cuando ya se ha definido el tema de la lección y se han redactado los objetivos, el próximo paso es planificar el método de instrucción. El maestro se debe preguntar: "¿Cómo puede encararse la idea principal de esta lección para que los alumnos alcancen los objetivos?" El método es el puente entre la idea principal y el objetivo.

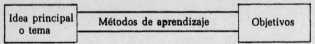

| Idea principal o tema | Métodos de aprendizaje | Objetivos |

En los próximos dos capítulos consideraremos los métodos más adecuados a los respectivos niveles de edad. Por el momento, consideraremos diversas pautas para la selección.

En primer lugar, los métodos elegidos deben ser apropiados al grupo de edad al que se enseña. Un maestro de primer grado no elegiría un método de aprendizaje que requiriera un informe escrito, ni un maestro de adultos elegiría un método en que los alumnos tuvieran que pintar una lámina.

En segundo lugar, debe utilizarse una variedad de métodos. Una regla general es que debe usarse más de un método en cada lección. La variedad de métodos proporciona creatividad, participación e interés. Un error común es que un maestro emplea un sólo método en toda la sesión. Desafortunadamente, ese único método es, por lo general, la conferencia o algún otro método elaborado más sobre las capacidades del maestro que sobre las capacidades de los alumnos.

Al decidir los métodos que usará usted en el plan de la lección de la próxima semana, las verificaciones siguientes pueden ayudarlo a tomar decisiones:

1. *Verificación de los objetivos.* ¿Qué métodos ayudan más a los estudiantes a alcanzar los objetivos de la lección?

2. *Verificación del tiempo.* ¿Puedo usar un método determinado en el tiempo asignado?

3. *Verificación de la edad.* ¿Son acordes los métodos a las capacidades propias del nivel de edad de los alumnos?

4. *Verificación del contenido.* ¿Es adecuado el método para comunicar la idea principal de la lección?

5. *Verificación de los equipos.* ¿Se puede usar ese método con las instalaciones con que se cuenta en la habitación?

7. *Verificación del tamaño del grupo.* ¿Es factible usar el método con el número de alumnos de la clase?

8. *Verificación de la participación.* ¿Participarán todos los estudiantes al usar el método?

9. *Verificación de la destreza.* ¿Exige mucho o poco de los alumnos este método?

10. *Verificación de la variedad.* ¿Con cuánta frecuencia se usa este método?

No es necesario que un método pase todas las verificaciones. El objetivo de este ejercicio es proporcionar una base sobre la cual el maestro pueda hacer elecciones acertadas. Por ejemplo, suponga que un maestro de jóvenes quiera usar grupos de discusión como método de aprendizaje. Los grupos podrían pasar la aprobación de las verificaciones 1, 3, 4, 6, 7 y 9. Sin embargo, las discusiones llevan tiempo, de modo que podría no aprobar el requisito relativo al tiempo. Los grupos de discusión generalmente requieren espacio suficiente para formar círculos de alumnos. El aula puede no contar con ese espacio extra y, por lo tanto, no aprueba la verificación del espacio. El maestro quizá tiene alumnos que son tímidos y simplemente se resisten a hablar. Si ese es el caso, la discusión no llegará al nivel de participación. Si el maestro usa este método con demasiada frecuencia, no se ajustará al criterio de la variedad. Después de evaluar el resultado de las verificaciones, el maestro debe decidir si usará ese método o elegirá otro.

Una palabra final acerca de la selección de métodos. Asegúrese de anotar en la hoja del plan los materiales que necesitará usar con el método. Esté preparado al comienzo de la clase. Si el método es nuevo para los alumnos, asegúrese de explicárselos y darles la oportunidad de ejercitarse. Si el método elegido implica equipos audiovisuales, tales como retroproyectores, proyector de películas, grabadora o aparatos de video, asegúrese de disponer de los prolongadores necesarios, bombillas (en caso de que se quemara alguna) y adaptadores. Si el método requiere la lectura de un pasaje de las Escrituras, compruebe que haya suficientes Biblias para toda la clase. Mantenga en el aula una provisión de lápices, papel, tijeras y Biblias. Cualquiera que sea el método, acopie cuidadosamente todos los materiales para asegurar el éxito.

Propósito y uso del currículo anual

Para la mayoría de los maestros de Escuela Dominical, el material impreso será el recurso auxiliar más importante en la enseñanza. Como los maestros son voluntarios, no profesionales, el tiempo es importante para ellos. El manual proporciona un servicio valioso al posibilitar el ahorro de tiempo. Contiene la preparación anticipada de lecciones, ofrece sugerencias para la enseñanza, proporciona instrucción sistemática de la Biblia y de la doctrina y está redactado para varios grupos específico por edad. Cuando se consideran sus ventajas, el costo del material resulta ínfimo.

Consideremos algunas de esas ventajas: el manual impreso proporciona un estudio sistemático de la Biblia. La mayoría de ellos están organizados como un sistema, lo que significa que cada lección está conectada con la que la antecede y la que le sigue. Al usar el mismo programa durante toda la Escuela Dominical, se supone que un alumno estudie la Biblia completa al cabo de cierto período de tiempo. Algunas iglesias han recurrido a varios editores de manuales para surtir su Escuela Dominical. Sin embargo, la mayoría de las casas de publicaciones tienen diferentes esquemas de estudio de la Biblia, Usar material de varias editoriales podría impedir que el alumno estudie la Biblia completa de manera sistemática. Seguramente se interrumpirá la continuidad. Por lo tanto, es importante y prudente elegir un currículo y aplicarlo en todos los departamentos de la escuela.

Los manuales impresos ofrecen apoyo educativo valioso a los maestros voluntarios. Su diseño, organización, metodología y contenido reflejan los principios de enseñanza y aprendizaje más actuales y educativamente seguros. Un buen manual puede proporcionar formación educativa profesional. La mayoría de los maestros de Escuela Dominical simplemente no tendrían tiempo de preparar materiales de la calidad de un manual impreso.

Editorial Vida publica literatura de Escuela Dominical en castellano para los alumnos de edades descritas en el capítulo 6. Las revistas y manuales para maestros contienen lecciones completamente desarrolladas y adaptadas a la edad del grupo. Traen, además, ideas para la enseñanza y ayudas visuales en colores para las clases infantiles. Varias denominaciones usan estos materiales en sus escuelas dominicales.

Pero por bueno que sea un manual, el manual no es el maestro ni puede tomar el lugar del maestro. El manual no llega a ser completo hasta que el maestro haga algo único con él. El manual, por necesidad, se elabora para alumnos de todo el mundo. El maestro local debe adaptarlo para sus alumnos porque sólo él puede determinar qué partes de la lección necesitan un énfasis especial para sus alumnos. El maestro debe tomar las decisiones finales en relación al manual.

Es igualmente riesgoso usar un manual de manera demasiado rígida o demasiado libre. Usarlo demasiado rígidamente significa que el maestro lee cada palabra de la página a sus alumnos, trata de hacer todas las actividades, usa todos los métodos sugeridos y hace todas las preguntas de la lista. Ese enfoque frustrará tanto al maestro como a los alumnos y hará del manual un dictador en lugar de un auxiliar. El otro extremo es usarlo poco, si es que se llega a usar. El manual es una guía, y una guía importante. Cuando se usa correctamente, puede ser la mejor ayuda del maestro. La mayor parte de los manuales muestran claramente cómo deben usarse.

Después de tener el tema bien claro en la mente, redactar los objetivos, elegir los métodos, y reunir los materiales, el maestro debe organizar la enseñanza en segmentos o bloques de enseñanza. Un enfoque es el que divide la lección en tres secciones: introducción, contenido bíblico y aplicación personal.

La introducción probablemente sea la más corta de las secciones, pero requiere un esfuerzo reflexivo y creativo. Este material tiene que provocar entusiasmo y debe crear en el estudiante el deseo de aprender más. Elija para este bloque métodos breves, entretenidos. Historias, representación de personajes, grupos pequeños con "lluvia de ideas", y un planteo abierto al diálogo, son ejemplos de métodos que funcionan bien en esta sección. Determine cuidadosamente cuánto tiempo quiere dedicar a este bloque y mantenga el cronograma una vez que inicie la clase.

El bloque sobre el contenido bíblico es generalmente el que más tiempo consume. Permite una presentación a profundidad de la materia. Si se planifica una variedad de métodos para esta sección, se evitará que se torne aburrida. Resista la tentación de conferenciar a menos que sea brevemente y respaldado con material visual. Permita a los alumnos investigar en pequeños grupos, comentar sus hallazgos, participar en un proyecto o hacer manifestaciones creativas expresando sus reacciones al tema. Dé tiempo suficiente para llevar a cabo la tarea, pero no le quite tiempo a la sección sobre aplicación personal.

La aplicación personal es la más importante de las tres secciones. Es el momento de analizar sentimientos y comportamientos. No es suficiente con simplemente adquirir información; los alumnos necesitan evaluar sus actitudes y su conducta. Esta sección brinda la oportunidad de hablar acerca de cómo van a aplicar lo que han aprendido y cómo esperan sentirse en consecuencia. Permita la libre discusión, pero si el tema ha sido de mucha seriedad, puede sugerir que pongan por escrito sus respuestas. Esta sección le proporcionará al maestro elementos de retroalimentación para que pueda evaluar más tarde los objetivos tanto en lo afectivo como en el comportamiento.

Hemos considerado todos los elementos de la hoja de planeamiento de la lección, a excepción del último, que es la evaluación. Este punto es de primordial importancia para el maestro. Es el medio para determinar qué éxito ha tenido la enseñanza de una lección particular. No debe pasarse por alto este aspecto del planeamiento de la lección. La lección no se ha completado antes que se haya hecho la evaluación. Si los maestros no evalúan, repetirán los mismos errores una y otra vez. Obstaculizarán su propio crecimiento y destruirán el entusiasmo tan necesario para la enseñanza eficaz. (El capítulo 12 tomará en cuenta la evaluación en forma más detallada.)

Una última palabra con relación al plan de la lección. Aunque quizá no haya lugar para consignarlo en la hoja de plan, el ambiente físico y las instalaciones tienen mucho peso sobre la calidad del aprendizaje. El maestro debe planificar cómo va a usar el aula, un valioso auxiliar de la enseñanza. Recuerde que el lugar donde esté el alumno afecta su aprendizaje. Por lo tanto, el aula "enseña" desde el momento que el alumno entra hasta que sale.

Aquí hay algunas sugerencias para usar el aula como un recurso de la enseñanza. Asegúrese de que la iluminación sea adecuada. Si la habitación está caliente y cerrada, los estudiantes se sentirán soñolientos y menos dispuestos para aprender. La circulación del aire y una temperatura confortable ayudarán a los alumnos a estar alerta.

El mobiliario debe ser acorde a la estatura de los alumnos. Use sillas y mesas pequeñas para los niños, y grandes para jóvenes y adultos.

Es importante el mantenimiento para garantizar una habitación limpia y ordenada. La decoración es una herramienta esencial de la enseñanza. Al usar pizarras informativas, carteles, pinturas y mapas, los maestros podrán comunicar verdades importantes que serán estudiadas durante el trimestre. El maestro sabio usará provechosamente el aula.

Planificar la enseñanza es importante. Merece su dedicación cuidadosa todas las semanas.

CAPITULO DIEZ

METODOS PARA AYUDAR A LOS NIÑOS A APRENDER

El maestro que desea que sus alumnos experimenten un verdadero aprendizaje debe tener un perenne interés en los métodos. El método adecuado a menudo establece la diferencia entre una clase aburrida y una entusiasta. Los métodos generan interés, alientan el entusiasmo y aceleran el progreso del aprendizaje.

El maestro debe recordar que los métodos deben planificarse más en términos de aprendizaje que de enseñanza. Deben estar centrados en el alumno más que en el maestro. La meta es interesar al alumno en su propia experiencia de aprendizaje. De modo que los métodos deben elegirse de acuerdo a la medida en que faciliten el aprendizaje y no porque le resulten cómodos al maestro. Al no tener conocimiento de métodos centrados en el alumno, la mayoría de los maestros eligen naturalmente métodos de escaso riesgo y de mayor facilidad (para el maestro). Por ejemplo, el método expositivo es popular porque es natural, requiere la preparación de una sola persona, e implica muy poco riesgo. Sin embargo, la "clase oral" no es un método muy eficaz si el maestro está verdaderamente interesado en que el alumno aprenda.

Los métodos pueden facilitar — u obstaculizar — el proceso de aprendizaje. Con eso en mente, en este capítulo vamos a considerar los métodos de aprendizaje que son más adecuados para los niños. En el próximo capítulo analizaremos los de jóvenes y adultos.

Métodos para ayudar a los niños a aprender

RELATO DE HISTORIAS

Relatar historias es un antiguo arte de la enseñanza. Es un

método poderoso para impactar a los oyentes y motivarlos a cambiar. Una historia bien narrada puede evocar reacciones emocionales intensas y movilizar la imaginación. Dado que hace que el oyente participe de esa forma, la narración probablemente sea un método de enseñanza universalmente disfrutado.

Como la Biblia es un libro que trata con la historia de vidas y situaciones humanas, la narración de relatos es una manera muy eficaz de compartir su mensaje. Al escuchar una historia de la Biblia, el oyente tiende a identificarse con el relato, compartiendo las experiencias y verdades como si fueran propias. Esa extraordinaria movilización de la imaginación hace de la narración un método eficaz para trasmitir verdades abstractas en términos comprensibles. Cuando los relatos se narran con habilidad, también pueden ser un medio para enseñarle al alumno a escuchar. Se incrementa la autodisciplina a la vez que la capacidad de atención.

Sin embargo, la narración es un método que sólo requiere que el alumno escuche. Como hemos analizado previamente, escuchar es una actividad pasiva que requiere poca participación mental por parte del alumno. Por tanto, si una historia no le resulta particularmente interesante o pertinente, el alumno puede "desconcentrarse". La responsabilidad de hacer atractiva la historia descansa mayormente en el maestro. Más aun, el abuso de este método priva a los alumnos de otros métodos que lo ayudarán a analizar, recoger datos y actuar recíprocamente con los demás. Aun cuando la narración sea un método poderoso, debe ser usado con mucho cuidado.

Las historias son de ayuda especialmente para introducir una lección, ilustrar un punto, aplicar una verdad bíblica o concluir una clase.

A continuación hay una serie de consideraciones que deben tenerse en cuenta al seleccionar una historia.

1. Elija una historia apropiada al objetivo. ¿Es su objetivo mostrar cómo se aplica una verdad a la vida de manera práctica? Si así es, elija una historia sobre una persona. ¿Es su propósito introducir la lección? Entonces elija una narración que llegue a un punto y deje el final inconcluso.

2. Elija una historia que pueda ser comprendida por la edad del grupo al que se enseña. No narre a los preescolares una

historia acerca de las complejidades de la vida. No narre a los adolescentes una historia acerca de sentarse en el regazo de papá para ser consolado. Elija una historia que tenga personajes con los cuales sus alumnos se puedan identificar. Hágales saber si la historia realmente sucedió (y sea preciso en ese caso) o si es ficticia.

3. Elija una narración que lleve a los alumnos a lograr los objetivos del plan. ¿Está vinculada la historia al plan general de la lección?

4. Elija una historia que se adapte al tiempo asignado. De lo contrario condénsela (no a último momento, sino de antemano), o bien elija otra historia.

El maestro que relata la historia se transforma en un artista, pintando una escena vívida y hermosa para que los alumnos la vean. Por lo tanto, debe ensayarlas varias veces antes de la clase para asegurarse de relatarla con mucha destreza. Las siguientes sugerencias son para que el maestro las tenga en cuenta al prepararse para narrar una historia.

1. Relate la historia con sinceridad. Use sus propias palabras en forma natural para describir los sucesos.

2. Use gestos y movimientos. Las historias se realzan cuando se usan los gestos adecuados. Use expresiones faciales para enfatizar la historia. Muévase alrededor del aula. Preste especial atención al uso de las manos y de los dedos. La mayoría de los maestros no comprenden el valor del lenguaje corporal. Si pone en práctica estas sugerencias la historia se tornará más viva para los alumnos.

3. Cuando sea posible, use el diálogo. Varíe la inflexión de la voz y la expresión facial para darle a cada personaje una identidad propia cuando él (o ella) hable. Use palabras apropiadas al personaje. Por ejemplo, no adopte el papel de un granjero dándole un vocabulario propio de un abogado.

4. Varíe el ritmo del habla para acompañar la acción de la historia. Hable más rápidamente cuando la acción sea rápida y más lentamente cuando los sucesos pierdan rapidez. No tema hacer pausas. El silencio se puede usar para llevar a los oyentes al punto culminante.

5. Emplee el sentimiento de manera realista, pero evite el sensacionalismo (en el sentido de hacer que la reacción emotiva sea el objeto de la historia). Trasmitir tristeza o dolor

es aceptable, pero jugar con las emociones hasta el punto de que todos los alumnos estén sollozando, no lo es.

6. Deje que la historia hable por sí misma. Si la historia es eficaz, usted no necesita moralizar. Las historias poderosas siempre llegan con un mensaje claro a la mente del oyente.

7. Conozca bien la historia. Léala varias veces. Estudie la trama, los personajes y sus conflictos. Conozca el terreno. Tome en cuenta los aspectos que pudieran necesitar modificación a fin de hablar más directamente a los alumnos. Ensaye relatando la historia hasta que se sienta parte de ella. No omita ninguna faceta de la vida: vida de hogar, acontecimientos habituales, experiencias personales, la naturaleza, el trabajo, y otras por el estilo.

La manera en que la mayoría de los maestros usan la narración está centrada en el maestro. Sin embargo, es posible involucrar con mucho éxito a los estudiantes en la historia. Permítales asumir los papeles de los principales personajes. Permítales dramatizar los sucesos. De esta manera, la historia puede ser como una gran dramatización, no sólo divertida, sino que comunica algo y está centrada en el alumno.

JUEGOS

Los juegos son una manera de reforzar el aprendizaje. Alguno de ellos puede ser usado para enseñar alguna virtud cristiana como el respeto o la obediencia.

Hay juegos populares de la televisión que se pueden modificar usando palabras, historias y personajes bíblicos.

Juegos escritos, como las palabras cruzadas, acertijos, crucigramas y otros juegos con palabras, son excelentes recursos para afianzar el aprendizaje.

Para niños más grandes, jóvenes y adultos, una manera muy especial de presentar una situación bíblica es por medio de la simulación bíblica. Se trata de "poner en escena algún suceso bíblico con el propósito de retratar con precisión algunos rasgos seleccionados de ese suceso".[1] El propósito es el de darle proximidad al suceso bíblico; combina aspectos de la representación de personajes, la dramatización y el suspenso. Se sigue un plan, se mantiene el suspenso respecto al desenlace, y da lugar a la participación activa de los equipos. La simulación bíblica refuerza la verdad. Las representaciones para programas especiales tienen doble propósito. Enseñan tanto a los espectadores como a los participantes.

HACER ACTUAR LAS MANOS

Esta es una manera de relatar una historia usando los dedos y acompañándolos con rimas simples. El maestro narra la historia usando dedos para representar cada personaje. Los niños también pueden dramatizar las mismas escenas usando sus propios dedos. Este método se aplica mejor con los preescolares. Puede ser un recurso para tranquilizar a niños inquietos o para prepararlos para pasar a otra actividad. Este método también permite afianzar ideas, haciendo que los niños participen. Puede ser muy divertido y ayudará a que la mente de los niños pequeños logren retener ideas y conceptos

EXPRESION ESTETICA LIBRE

El maestro proporciona a los niños los materiales necesarios para dibujar, colorear o pintar. Se les pide que expresen libremente algo acerca de lo que han aprendido. Esa manifestación estética ayuda al maestro a evaluar la lección, estimula la creatividad, y refuerza la lección. La libertad de expresión que se le proporciona al alumno en este método es una ventaja educativa que lo beneficiará a lo largo de toda su vida.

El único problema con este método es usarlo en exceso o darle un uso impreciso. De la misma manera en que muchos maestros de jóvenes y adultos abusan del método de la lección oral, muchos maestros de primaria abusan del dibujo libre.

MUSICA

Las canciones y coros relacionados con la lección graban más profundamente la verdad que contiene la mente y el corazón de los niños. Ayudan a modelar actitudes. Los cantos de adoración, de dedicación o regocijo, todas pueden definir el clima de la clase o guiar hacia una verdadera participación. A los niños inquietos, las canciones y coros accionados les proporcionan la actividad que necesitan. Un coro apropiado, aun en medio de la lección, puede ayudar a concentrar la atención en el punto en que el maestro quiere poner más énfasis. Las palabras que tienen música se aprenden más fácilmente. Continúan enseñando dondequiera que se encuentre la persona, cada vez que la melodía y las palabras vengan a su mente. Es importante elegir canciones y coros por su mensaje, por lo que enseñan y no solamente por su atractivo musical.

Encontrará muchas sugerencias prácticas para usar la mayoría de estos métodos, y otros, en *Métodos de enseñanza*, de Luisa Jeter de Walker (Editorial Vida).

CENTROS DE INTERES

Implica la disposición de determinado número de sectores en los cuales los alumnos tienen la oportunidad de realizar distintas actividades que responden a los diversos objetivos de conocimiento, emocionales y de comportamiento. El maestro se transforma así en un orientador, atento a las preguntas y requerimientos en los distintos sectores. La sesión — o sólo una parte de la misma — puede destinarse en su totalidad a esta forma de trabajo.

Este método permite a cada alumno aprender según su propio ritmo o interés.

Al evaluar, el maestro debe preguntarse si los centros estuvieron adaptados a las capacidades de los alumnos, si permitieron el logro de los objetivos de la lección, si motivaron al aprendizaje y si la planeación y la oración fue suficiente.

Es importante disponer de manera óptima el espacio disponible, y contar de antemano con los materiales para cada centro.

---

[1] Miller, Donald; Snyder, Graydon; y Neff, Robert. *Using Biblical Simulations*. Valley Forge, Pennsylvania: Judson Press, 1973, pp. 7-9.

CAPITULO ONCE

METODOS PARA AYUDAR A LOS JOVENES Y ADULTOS A APRENDER

"¡Los adultos quieren conferencias!"

"¡Los adultos sólo quieren otro sermón más en la Escuela Dominical!"

"Los jóvenes nunca participan en los métodos de aprendizaje. ¡Son demasiado apáticos!"

Estas son afirmaciones que se han hecho respecto a las clases de adultos y jóvenes en la Escuela Dominical. Francamente, son todas incorrectas. Ni adultos ni jóvenes quieren escuchar una conferencia de cuarenta minutos sin ningún descanso. La mayoría de los maestros se sorprendería al descubrir lo rápido que los adultos responden a los métodos de aprendizaje confeccionados según sus intereses y capacidades peculiares.

Por mucho tiempo hemos creído que sólo los niños necesitan métodos creativos de aprendizaje. Pero los jóvenes y adultos también necesitan oportunidades de participar en su propia instrucción. Es significativo que las clases de jóvenes y adultos crecen cuando utilizan conferencias breves, participación en pequeños grupos, y mucho tiempo de conversación.

Además, a los adolescentes y adultos generalmente no se les exige que vengan a la Escuela Dominical, como se les exige a los niños. A los jóvenes y a los adultos se les debe motivar para que asistan. Si sus clases son aburridas y poco pertinentes, hay mucha probabilidad de que no sientan deseos de asistir.

En este capítulo analizaremos métodos de aprendizaje para jóvenes y adultos. Tradicionalmente no se ha dado mucha atención a este asunto. La mayor parte de los esfuerzos se han dirigido a la metodología para niños. En años recientes, sin embargo, los educadores han descubierto que los métodos de aprendizaje pueden ser tan eficaces con jóvenes y adultos como lo son con niños.

Conferencia

La conferencia es muy mal vista por los alumnos a causa del abuso que hacen los maestros. Tienen razón si un maestro decide conferenciar todas las semanas. ¡No hay nada más poderoso para matar la motivación del alumno! Sin embargo, la conferencia es un método de aprendizaje viable y eficaz cuando se emplea correctamente.

Debemos comenzar, por supuesto por definir nuestros términos. C. B. Eavey, en su libro *Principles of Teaching for Christian Teachers* [Principios de enseñanza para maestros evangélicos], sostiene que el método de la conferencia abarca todas las presentaciones orales del maestro, sean éstas por medio de una exposición formal extensa o por observaciones hechas para aclarar temas, para ampliar respuestas de los alumnos, para completar información ya disponible o para indicar algo que debe hacerse.[1]

Una definición más restringida podría ser la de "presentación oral ininterrumpida hecha por el maestro". En realidad, la mejor definición está en el término medio entre esos dos extremos. Una conferencia es una presentación oral del maestro que puede ser interrumpida e intercalada con comentarios y reacciones de los alumnos.

Consideremos las ventajas de la conferencia.

1. Puede cubrir mayor cantidad de material en menor tiempo.

2. Facilita la presentación de conceptos amplios, puntos de vista, preguntas, temas y críticas estratégicos.

3. Puede ser sistemática, bien organizada, y completa.

4. Es adecuada para grupos grandes y permite a los buenos maestros que pongan a un grupo numeroso de alumnos en contacto con una gran cantidad de información.

5. Lleva al máximo el efecto de la palabra hablada y de la personalidad del maestro.

Sin embargo, hay desventajas de la conferencia, que también deben ser consideradas:

1. Sólo permite una participación y reacción limitada por parte de los alumnos.

2. No admite diferencias individuales, ni proporciona atención especial cuando se necesita.

3. Requiere de un orador capaz y hábil.

4. Requiere poca preparación por parte del alumno.

5. Cuando se usa con mediocridad, se puede volver monótona.

Esas son serias desventajas que deben tenerse en cuenta cuando los maestros se propongan usar el método de la conferencia. Lo más frecuente es que los problemas que rodean a la conferencia los provoque el propio maestro. Si logra seguir algunas sugerencias, la eficacia de la conferencia puede mejorar notablemente. Los maestros deben recordar que la conferencia funciona mejor (1) combinada con otros métodos, (2) cuando el orador sigue un bosquejo claro y fácil de comprender, (3) cuando incluye ilustraciones, anécdotas y ayudas visuales y (4) cuando el orador emplea buena destreza oratoria. Esta incluye el contacto visual, la variación del nivel de voz, los ademanes apropiados, y un semblante agradable y reposado.

Una manera de usar la conferencia de manera cambiante es emplear variaciones de ella. Algunas de estas variantes se mencionan y explican a continuación.

Coloquio. Después de una conferencia, organice pequeños grupos para discutir lo que se ha escuchado y elaborar una lista de preguntas que un representante del grupo pueda plantearle al orador.

Debate. Dos personas o equipos presentan un tema desde puntos de vista opuestos. Se les permite preguntar y refutar las respectivas posturas, dentro de ciertos límites.

Panel. Tres o más personas hacen ante todo el grupo una presentación para la que se han preparado previamente. Luego de sus presentaciones, al grupo se le permite hacer preguntas a los miembros del panel.

Equipos para escuchar. La clase se divide en pequeños grupos, cada uno con una consigna diferente (contestar cierta pregunta, cubrir un aspecto, representar un papel [por ejemplo: "¿Qué le hubiera parecido esto, si usted hubiera sido un fariseo?"]).

Investigación e informe. Esto permite que algunos alumnos con intereses especiales investiguen e informen a la clase acerca de sus descubrimientos. Las tareas de investigación deben señalarse con mucha anticipación para proporcionar el tiempo necesario para una presentación de calidad.

Simposio. Este es un tipo de investigación e informe en el que dos o más estudiantes hablan sobre aspectos específicos del tema asignado.

Oradores invitados. Se puede obtener mayor variedad y experiencia invitando a alguien a hablar. Se debe acordar anticipadamente tanto el tiempo límite como también el tema que se ha de tratar.

Narración. Este método ciertamente no se limita a los niños. Hay variadas posibilidades en la narración para jóvenes y adultos. Por ejemplo, historias de final inconcluso para las cuales los alumnos puedan escribir sus propios finales son una eficaz aplicación del método entre los jóvenes. Compartir experiencias personales es una manera de narrar historias, como lo son las películas y las cintas grabadas. Recuerde que el éxito o el fracaso de la conferencia descansa primordialmente en el maestro. A toda costa, evite divagar o leer algo por largo rato. Esfuércese por ser claro, use lenguaje comprensible y ponga empeño en comunicarse mediante cada palabra y cada gesto.

Recuerde que cualquier presentación resulta afectada por el entorno físico. Salas calurosas y encerradas hacen dormir a la gente independientemente del método de presentación. Ruidos ajenos distraen la atención del alumno. Si se prepara una conferencia, preste *especial* atención a las instalaciones.

Preguntas y respuestas

La pregunta bien elaborada y oportunamente usada es una de las herramientas más valiosas que tiene un maestro. Es un método de aprendizaje de notable poder. Prácticamente en todas las facetas del aprendizaje, el método de preguntas y respuestas es una técnica fundamental en el aula. Las preguntas movilizan a las personas desafiándolas a analizar, motivándolas a expresarse y forzándolas a reflexionar sobre varias ideas. Las preguntas ayudan a los alumnos a captar diferentes puntos de vista y los obligan a tomar una posición respaldada por datos concretos. En resumen, las preguntas despiertan la actividad mental de una manera que ningún otro método lo hace. Son sencillamente insustituibles dentro del proceso de enseñanza-aprendizaje. En algunos sentidos, el método de preguntas y respuestas podría considerarse como la fuente del aprendizaje.

Es importante, entonces, aprender a hacer buenas preguntas y entender los objetivos de este método. También es necesario identificar diferentes tipos de preguntas.

Las preguntas son valiosas en el aprendizaje por las siguientes razones:

1. Estimulan la memoria. Ayudan al alumno a descubrir lo que sabe y puede recordar.

2. Requieren que determinada idea sea expresada de una manera diferente. El alumno que escucha una pregunta debe tomar una idea y volver a darle forma con sus propias palabras.

3. Ayudan a interpretar hechos e ideas. Hacer preguntas comparativas y de contraste ayuda a los alumnos a desarrollar claridad y a organizar la información.

4. Aplican ideas y conceptos a la vida.

5. Ayudan a analizar ideas a partir de las cuales los alumnos pueden extraer conclusiones.

6. Ayudan a sintetizar la información. Usando el razonamiento deductivo, el alumno puede eliminar soluciones impracticables y encontrar alternativas aceptables.

7. Ayudan a evaluar la información.

8. Guían a la acción.

Habiendo considerado por qué las preguntas son de tanta ayuda, examinemos los distintos tipos de preguntas. En su libro *Teaching Teachers to Teach* [Enseñando a los maestros a enseñar], Don Griggs identifica tres tipos de preguntas: informativas, analíticas y personales. Las preguntas informativas requieren que el alumno recuerde algo para poder contestar. Las analíticas requieren que el alumno piense y analice. Las preguntas personales piden al alumno que se refiera a sus propias experiencias.[2]

Hay otro tipo de pregunta que seguramente será usada por el maestro. Es retórica y se plantea a fin de señalar un concepto. No se espera una respuesta oral, como en el caso en que Jesús preguntó: "¿Qué aprovechará al hombre, si ganare todo el mundo, y perdiere su alma?"

Los maestros prudentes practican las técnicas de hacer preguntas. Es de ayuda escribir en cada plan de lección varias preguntas que provoquen la reflexión. Al preparar las preguntas, siga las siguientes pautas:

1. Las preguntas deben ser claras y carecer de términos ambiguos.

2. Si solicitan información, las preguntas deben ser específicas.

3. Cuando no buscan información específica, las preguntas deberán provocar respuestas espontáneas. Las preguntas que sólo requieran un sí o un no, no inspirarán mucha reflexión. Concéntrese en preguntas que indaguen por qué y cómo.

4. Haga una sola pregunta a la vez. Hacer varias preguntas en bloque confundirá al alumno.

5. Las preguntas deben dirigirse a toda la clase. Evite poner en aprietos a un alumno en particular. Esté atento a la disposición del alumno por contestar. A menudo se puede señalar a un alumno con la mirada o un gesto de la cabeza. Esto le hará sentirse cómodo y confiado para responder.

6. Proporcione a los alumnos retroalimentación después que hayan contestado. Hágales saber que ha escuchado y comprendido su respuesta.

7. No ponga a los alumnos a la defensiva usando la técnica del interrogatorio. Adopte una manera de preguntar que haga del descubrimiento de respuestas un esfuerzo de grupo.

Recuerde que todos los alumnos corren un riesgo cuando responden a una pregunta. Si contestan equivocadamente, el maestro debe poner cuidado en no hacer sentirse incómodos a los alumnos. Deben ser tratados con cortesía para que se sientan en libertad de volver a contestar. Estimúlelos. A veces resulta útil parafrasear la pregunta o reformularla de una forma que ayude al alumno a contestarla correctamente.

Reconozca la diferencia entre una respuesta informativa y una respuesta afectiva. Un hecho puede ser identificado como verdadero o falso, pero un sentimiento no. Es decir, los sentimientos simplemente existen. Decirles: "No debes sentirte de esta manera" no sirve más que para hacer que el alumno oculte sus sentimientos respecto a asuntos bíblicos. Ayude a los alumnos a explorar sus actitudes, no a negarlas.

Actividades en pequeños grupos

Uno de los métodos más poderosos y beneficiosos de aprendizaje es el grupo pequeño. Los pequeños grupos promueven el aprendizaje, el compañerismo y la comunidad cristiana. Siendo esenciales para la vida, estos resultados del grupo pequeño son innegablemente deseables.

El grupo se ha definido como "dos o más personas ligadas por normas comunes y papeles entrelazados". Los grupos son más que una suma de sus partes. A menudo se alude a esto como dinámica de grupo. El sentido de unidad y el espíritu de grupo es más fuerte en un grupo pequeño. La interacción de un grupo pequeño pone en juego fuerzas que multiplican los aportes y refuerzan la experiencia de todos los participantes.

Las relaciones interpersonales aumentan hasta que hay demasiados miembros con los cuales la persona debe relacionarse. Por ejemplo, dos personas pueden vincularse en el marco de dos vínculos interpersonales. Tres personas pueden relacionarse en seis. Como muestra el siguiente diagrama, el número de relaciones es igual al producto del número de miembros por un número de una unidad menor (por ejemplo, 3 x 3 = 1 6; 4 x 3 = 1 12):

 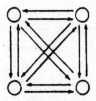

Sin embargo, el número de relaciones reales no puede aumentar indefinidamente. El tamaño del grupo debe ser tal que permita buenas relaciones interpersonales, pero no tan grande que impida que cada miembro se relacione con los demás de manera significativa. Así, por un lado buscamos un espíritu de grupo y por otro, interés por el individuo. Un grupo de 4 a 12 miembros es generalmente lo más eficaz.

Todo grupo debe tener alguna estructura. Cuando están orientados en función de la tarea, generalmente se necesita entre los miembros del grupo un líder, un secretario, y a veces un orientador. Examinemos los papeles habituales en un grupo.

1. Iniciador: propone ideas y comienza o inspira la discusión.

2. Informante: busca información que puede ampliar la idea o modelarla. "Imagina" cosas en función del grupo y crea posibilidades.

3. Analizador: percibe la factibilidad e implicaciones de la idea. Generalmente clasifica los asuntos.

4. Sintetizador: repasa y resume las ideas que se van desarrollando.

5. Organizador: esquematiza los pasos que se requieren para poner la idea en acción.

Una persona puede asumir cualquiera o todos esos papeles a medida que se necesite. Hay otras funciones grupales de apoyo, tales como el mediador, el catalizador, el clarificador y el formulador.

Cuando se usan los grupos como método de aprendizaje, se deben tener en mente varios factores: (1) las ideas y experiencias de todos los miembros tienen valor; (2) debe prevalecer una atmósfera de mutua aceptación y confianza; (3) las personas son más importantes que la información; (4) las metas se formulan y se persiguen en forma cooperativa; y (5) el aprendizaje asociado e incidental derivado de las experiencias de grupo puede ser rico y gratificante.

Existen diversas posibilidades para enseñar y aprender en pequeños grupos. Previamente hemos mencionado los paneles, los simposios y varios otros métodos. Consideremos brevemente otro método popular.

La discusión

Este método de aprendizaje tiene una amplia gama de usos posibles. También tiene la posibilidad de estimular a la participación a la totalidad del grupo de la clase.

Una discusión consiste en un grupo de individuos enfrascados en el intercambio de conocimientos, ideas y opiniones.

Generalmente es dirigido por un moderador y se propone alcanzar una conclusión o decisión definida.

Una buena discusión requiere respeto y aprecio mutuos. Debe posibilitar la libre expresión sin temor de ser dominado por una o dos personas.

Hay otros factores que contribuyen a una buena discusión:

1. Pensamiento reflexivo por parte de los participantes.
2. Preparación o trasfondo adecuado en los temas.
3. Deseo por encontrar la verdad.
4. Tolerancia y actitud mental abierta.

Existen otros métodos para jóvenes y adultos, como por ejemplo la lluvia de ideas, o pequeños grupos de diálogo. Simplemente hemos considerado algunos de los más ampliamente usados. Lo importante es que el maestro recuerde que debe usar estos métodos, porque en ellos está la clave del interés y la participación estudiantil

---

[1] Eavey, C. B. *Principles of Teaching for Christian Teachers.* Grand Rapids: Zondervan Publishing House, 1940, p. 270.

[2] Griggs, Donald. *Teaching Teachers to Teach.* Nashville: Abingdon Press, 1974, p. 49.

CAPITULO DOCE

EVALUACION Y RECURSOS AUDIOVISUALES

Los maestros de Escuela Dominical a menudo subestiman el valor de la evaluación. No reconocen su papel en el mejoramiento de la enseñanza. No hay nada que reemplace a la evaluación para medir objetivamente al maestro y su enseñanza. Una franca y cabal evaluación lleva al maestro más y más cerca de la perfección.

La evaluación forma parte constante de la vida. Somos personas analíticas, siempre interesadas en probar y evaluar las cosas a nuestro alrededor: autos, ropa, comida, comportamiento, actitudes, afirmaciones. Su procedencia rara vez importa: todo lo que toca nuestra vida, lo evaluamos.

No conduciríamos un auto que consideráramos inseguro. No asistiríamos a una iglesia si sintiéramos que no satisface nuestras necesidades. No compraríamos ropa que una cuidadosa inspección revelara defectuosa. Por otro lado, si una cautelosa evaluación revelara que un producto es excelente, no dudaríamos en comprarlo.

Si los maestros de Escuela Dominical resisten o pasan por alto la evaluación, ello es inconsecuente con el resto de la vida de ellos. Los maestros deben recordar que su ministerio es un llamado de Dios y un don de Dios. No darle importancia al mejoramiento de ese ministerio es una negligencia seria hacia ellos mismos, hacia sus alumnos, hacia su iglesia y hacia Dios.

Sin evaluación, los maestros tienden a repetir las mismas presentaciones, incluyendo los errores, en las clases de cada semana. Muestran poca creatividad. El resultado es una enseñanza ineficiente, la pérdida de interés entre los estudiantes, y sensaciones de frustración y falta de ardor en los maestros.

Los maestros no deben temer ni rechazar la evaluación. Sin advertirlo, están siendo evaluados todo el tiempo: por los estudiantes, los padres, los oficiales de la iglesia, otros maestros. Lo más importante es que Dios también nos evalúa. El espera lo mejor de nosotros (así como también los que han puesto su confianza en nuestro ministerio de enseñanza). Con esto en mente, los maestros deben enfrentar directamente el asunto y ya sea evaluarse a sí mismos o solicitar que la evaluación permanente de los otros se haga con toda franqueza.

¿Qué es la evaluación?

La evaluación es el medio por el cual el maestro determina su eficiencia en el proceso de la enseñanza-aprendizaje. Se hace revisando lo que había planificado hacer en clase y luego comparándolo con otras pautas comúnmente aceptadas para la enseñanza. Cuando se ha hecho la comparación, el maestro puede reconocer las facetas en las cuales su esfuerzo fue débil o fuerte. Tendrá entonces un cuadro correcto de su eficiencia.

Es importante que un maestro haga una evaluación objetiva. Los maestros a menudo tienden hacia dos extremos. Algunos son demasiado duros consigo mismos; otros son demasiado suaves. Para hacer una evaluación objetiva es necesario un criterio sobre el cual basar el procedimiento.

Al comenzar a considerar los criterios de la evaluación, debemos antes reconocer que la evaluación tiene dos dimensiones: el maestro se evalúa a sí mismo y a los estudiantes. Algunos aspectos del proceso de evaluación serán difíciles de medir. El crecimiento espiritual, a diferencia del crecimiento físico, no es fácilmente observable. Es un proceso interior que generalmente se produce durante un largo período de tiempo. Dar simplemente una prueba para medir el conocimiento bíblico no es suficiente para asegurarle al maestro que han madurado en su andar con Cristo. Más aun, cada alumno es único y madura a diferente ritmo. Por lo tanto, el maestro debe hacer un esfuerzo por evaluar el *progreso* de su alumno. ¡De lo contrario no sabrá cómo ha obrado hasta que llegue al cielo! A continuación hay cinco aspectos que se deben tomar en cuenta:

1. *Relación con Cristo.* ¿Es cristiano el alumno? Si no lo es,

¿entiende lo que significa la salvación? ¿Cómo demuestra que su vida está entregada a Cristo?

2. *Crecimiento espiritual.* ¿Estudia la Biblia fuera de la hora de clase? ¿Lleva a cabo regularmente sus devociones? ¿Está compartiendo a Cristo con otros? ¿Refleja su vida valores cristianos?

3. *Participación en las actividades de la iglesia.* ¿Es fiel en la asistencia a la Escuela Dominical y la iglesia? ¿Toma parte activa en la clase? ¿Invita y trae amigos a la clase? ¿Tiene una actitud positiva hacia la iglesia?

4. *Conocimiento de la Biblia y la doctrina.* ¿Entiende los conceptos bíblicos presentados de acuerdo a su nivel? ¿Conoce y entiende las creencias y prácticas básicas de la iglesia?

5. *Actitud y comportamiento.* ¿Es dispuesto y cooperativo? ¿Trabaja bien en grupo? ¿Es demasiado tímido o ensimismado? ¿Es discutidor? ¿Tiene una actitud positiva o negativa hacia la vida?

Para contestar estas preguntas, el maestro debe tener un plan. Sugiero tres maneras en que pueden contestarse esas preguntas mencionadas anteriormente:

1. *Observación.* Un maestro puede determinar cómo están respondiendo sus alumnos, observándolos en distintas situaciones de vida. Obsérvelos cuidadosamente en clase, en el servicio de adoración, jugando con sus amigos, estando con sus familias, y en cuanto lugar posible.

2. *Mantenga buenos registros.* Una simple planilla de asistencia revela mucho acerca de la participación de un alumno en la iglesia. Muchos maestros mantienen un registro de información que contiene muchas de las preguntas arriba mencionadas. Comparar hojas de informes de manera periódica, revela si el alumno está creciendo o no.

(Revise las secciones del capítulo 6 que analizan la observación y el mantenimiento de registros.)

3. *Use varios tipos de pruebas.* Las pruebas objetivas pueden medir el conocimiento de la Biblia. Las pruebas subjetivas (por ejemplo, preguntas para responder de manera personal) se pueden usar para evaluar la capacidad del alumno para captar, analizar y procesar información, y expresarse creativamente. Los maestros también deben usar preguntas para medir valores y actitudes.

Ningún maestro sincero se sentirá satisfecho hasta saber que sus alumnos hayan aceptado a Cristo y estén creciendo en su comprensión de lo que significa ser cristiano.

El maestro también debe evaluar sus propios esfuerzos. Debe examinar la preparación de la lección, el planeamiento y la presentación de esta, y su propio crecimiento. Considere las siguientes sugerencias que pueden guiar el proceso de autoevaluación:

1. *Separe tiempo todas las semanas para revisar el esfuerzo de la semana anterior.* Evalúe cada parte del plan de clase. ¿Fue adecuado? ¿Fue fácil de llevar a cabo? Trate de describir su sentimiento global hacia la lección en una sola palabra, como *pobre, regular, buena* o *excelente*. Anote aspectos específicos que notó fuertes o débiles. Anote algunas maneras de mejorar en las facetas más débiles. Y lo que es más importante, tome los objetivos del plan de clase y vuelva a leerlos. ¿Lograron los alumnos el objetivo? ¿Cómo? ¿De qué manera se están logrando los objetivos de conocimiento? ¿Observó algún cambio en los alumnos relacionado con los objetivos de sentir y hacer? Si sus alumnos pudieron llevar a cabo los objetivos de la sesión, usted debe sentirse satisfecho.

2. *Mantenga un formulario de autoevaluación.* La planilla de autoevaluación generalmente se conoce como el informe semanal. Se entregan al superintendente de la Escuela Dominical o al director de educación cristiana. En algunas iglesias, las planillas se usan para elegir al "maestro del mes". Si la iglesia proporciona la planilla, el maestro debe hacer una copia para sí mismo. Si no lo hace, el maestro tendrá que elaborarla personalmente.

3. *Recurra a un observador del aula.* Usted puede invitar a alguno de los oficiales de la Escuela Dominical, a un miembro de su equipo de enseñanza o a algún amigo a observar la sesión. Pídale que evalúe facetas específicas. Luego destine un tiempo para comentar con él sus observaciones.

4. *Permita a los alumnos que evalúen la enseñanza.* El maestro puede redactar una lista de preguntas que los alumnos pueden contestar en forma anónima. También puede proveer espacio para que los alumnos escriban comentarios y sugerencias adicionales.

5. *Piense en la posibilidad de grabar la clase.* Escuchar su

propia presentación puede revelar mucho acerca del uso del lenguaje, la gramática, y de las capacidades al hablar. Puede ayudarle al maestro a detectar dónde se estancó la clase. También puede ser un buen indicador acerca de la variedad en las técnicas. Por ejemplo, la grabación mostrará de inmediato si se dedicó demasiado tiempo a conferenciar.

La correcta evaluación mejora a los maestros, y mejores maestros mejoran la Escuela Dominical. El maestro sabio no rechazará este importante aspecto de la enseñanza.

El uso de recursos audiovisuales

Una regla general de la educación establece que si hay más sentidos participando, más se aprenderá. Cuando un método de enseñanza se puede respaldar con recursos audiovisuales, aumentan las posibilidades de aprendizaje. Por lo tanto, los maestros deben mostrar interés por conocer y usar los recursos audiovisuales.

Vivimos en un mundo de comunicaciones. Nuestros alumnos están todos los días expuestos a complejos medios de divulgación. El maestro de Escuela Dominical que no valore y utilice los recursos disponible se verá desactualizado.

Los recursos audiovisuales incluyen el pizarrón, el magnetófono, el proyector de transparencias, las películas y diapositivas, el tocadiscos, las cintas de video, el equipo de proyección y grabación de películas, el franelógrafo, la cartelera, el periódico mural, los mapas y otros. Cada uno de estos presenta alguna ventaja especial y resulta adecuado para distintas edades. Todos son recursos poderosos para atraer el interés y la atención de los alumnos. Ilustran ideas, inspiran la creatividad, y motivan a los alumnos.

El maestro tiene la responsabilidad de seleccionar materiales audiovisuales apropiados para sus alumnos. Por ejemplo, el franelógrafo va bien con niños, pero es escasamente útil con adultos.

Evite el error de pensar que los únicos recursos buenos son los profesionales. Los proyectores son fantásticos, pero también lo son las láminas hechas por el maestro. Los maestros necesitan cultivar su propia creatividad en la preparación de recursos audiovisuales.

Los mejores resultados se obtienen cuando se usan en forma

conjunta los recursos visuales y de audio. Refuerzan el contenido de la lección y permiten la participación de los alumnos. En este sentido, recuerde que los recursos audiovisuales no son para ser utilizados solamente por el maestro. La meta es un aprendizaje participativo. Los estudiantes de hoy son todos muy entendidos en el uso de los aparatos de comunicación y pueden aprender rápidamente a usar aquellos con los que no están familiarizados. Pueden controlar una grabadora en una sala de audición, o preparar las diapositivas para una proyección que acompañe a la lección.

El maestro debe estar siempre preparado cuando use estos recursos. Asegúrese de disponer — entre otros — de prolongadores, bombillas de repuesto para el proyector, láminas transparentes de reserva, cassettes en blanco, papel, lápices. Tenga a mano todo lo que pueda ser necesario para usar bien los recursos. Asegúrese de saber bien cómo se usa cada uno de ellos y que podrá enseñar a otros cómo usarlos.

Aunque los recursos audiovisuales son valiosos auxiliares de la enseñanza, el maestro debe tener cuidado de que se adecuen a la lección. A causa de la novedad de los recursos audiovisuales, especialmente los más nuevos como la grabadora de video, existe la tentación de dejar que éstos sean el centro de interés en lugar de la verdad bíblica. Confiarse demasiado en los audiovisuales puede implicar un fracaso en la trasmisión de la verdad espiritual. Son medios para alcanzar un fin y no fin en sí mismos. Recuerde, también, que ni los mejores recursos pueden reemplazar a un maestro que se interese en la gente y se prepare bien.

Nos agradaría recibir noticias suyas.
Por favor, envíe sus comentarios sobre este libro
a la dirección que aparece a continuación.
Muchas gracias.

Editorial Vida
7500 NW 25 Street, Suite 239
Miami, Florida 33122

Vidapub.sales@zondervan.com
http://www.editorialvida.com